# 价值虚无主义的批判与超越：

## 现代性背景下马克思的价值之思

张欢欢 著

上海大学出版社

·上海·

**图书在版编目(CIP)数据**

价值虚无主义的批判与超越：现代性背景下马克思的价值之思 / 张欢欢著 .—上海：上海大学出版社，2022.12

ISBN 978-7-5671-4633-4

Ⅰ.①价… Ⅱ.①张… Ⅲ.①马克思主义—价值（哲学）—研究 Ⅳ.①B018

中国版本图书馆 CIP 数据核字（2022）第 240629 号

责任编辑 徐雁华
封面设计 缪炎栩
技术编辑 金 鑫 钱宇坤

**价值虚无主义的批判与超越：**
**现代性背景下马克思的价值之思**

张欢欢 著
上海大学出版社出版发行
（上海市上大路99号 邮政编码200444）
（https://www.shupress.cn 发行热线021-66135112）
出版人 戴骏豪

*

南京展望文化发展有限公司排版
上海普顺印刷包装有限公司印刷 各地新华书店经销
开本710 mm×1000 mm 1/16 印张11.5 字数158千
2022年12月第1版 2022年12月第1次印刷
ISBN 978-7-5671-4633-4/B·130 定价 56.00元

---

| 目　录 | contents

# 导 言

价值虚无主义，是现代社会人类所遭遇到的一个重大危机，因而克服价值虚无主义成了西方现代哲学的一个重大课题。西方现代哲学家们纷纷将这一问题当作自己哲学的一个重要内容，并为解决现代社会人类的价值危机、重建价值秩序，积极寻找理论方案和解决路径。

提到虚无主义，人们往往会想到尼采、海德格尔，甚至还有施特劳斯等，他们都因对价值虚无主义或某种虚无主义进行过专门性的研究，从而广为人知。有些思想家还著书专门研究过这一课题，比如尼采在他的《权力意志》一书中就反复提到“虚无主义”这个词汇（“虚无主义站在门前”“虚无主义到来了”……），并对价值虚无主义的本质、产生的原因和超越的路径进行了深刻地研究与阐释。而海德格尔在其专著《尼采》之中，则针对尼采提出的价值虚无主义问题进行了再研究和深入阐发。在《林中路》一书的“尼采的话‘上帝死了’”这一章节中，海德格尔对虚无主义进行过深刻的阐发。施特劳斯也著书《德国虚无主义》研究过虚无主义，不过不同于尼采和海德格尔，施特劳斯将虚无主义仅仅看作一种特殊的“德国现象”。提到价值虚无主义的时候，人们可能还会想起屠格涅夫小说《父与子》中那个否定一切权威和偶像的男主人公——平民知识分子巴扎洛夫，想起陀思妥耶夫斯基《群魔》中因为上帝不存在了而决定自杀的基里洛夫，等等。当然还有很多思想家都曾经在阐发自己观点的时候，或多或少地使用过“虚无主义”一词，或涉猎过虚无主义的问题。

价值虚无主义被哲学家们把握为现代性的一个重大事件和突出问题。马克思作为现代性的亲历者，作为西方现代哲学家们的同路人，作为对资产阶级社会洞察最为深刻的哲学家，对现代性背景下的价值虚无主义作出回应，成为其哲学的应有之义。而这一点，在对马克思哲学的研究之中长期处于被忽视的状态。的确，除了在《共产党宣言》中提到“一切固定的僵化的关系以及与之相适应的素被尊崇的观念和见解都被消除了，一切新形成的关系等不到固定下来就陈旧了。一切等级的和固定的东西都烟消云散了，一切神圣的东西都被亵渎了”[1]，马克思表达了一种略带明显的“虚无主义”的含义之外，他并没有像他之后的尼采和海德格尔那样频繁使用“虚无主义”一词或明确地、大篇幅地研究“虚无主义”。但是诚如伯曼所言，“实际上，‘虚无主义’这个术语源出于马克思自己的一代人”[2]，马克思也是价值虚无主义的体验者与见证者，因而马克思哲学也无法回避这一时代课题。事实上，马克思对资产阶级社会的批判性研究，对工人阶级悲惨命运的揭示，都蕴含着其对现代社会人类价值的深层关怀。而对社会历史现实的批判与反思，也使得马克思以远远深刻于之后的尼采与海德格尔的方式，把握到了现代社会价值虚无主义产生的根源和本质，找到了现代社会人类价值重建的现实路径。事实上，马克思哲学不仅是现代社会价值虚无主义问题研究链条上的重要的一环，而且也是最为深刻、最为重要的一环。

为了更深刻地理解和把握马克思哲学在解决价值虚无主义问题上所具有的独特性和革命性，本书先从思想史的视角批判性地研究了西方现代哲学是如何看待现代性所造成的价值虚无主义，并为解决这一问题所作的努力。在研究现代社会价值虚无主义问题时，除马克思之外，西方尤以尼采和海德格尔的研究最为深刻。当其他哲学家对“价值虚无主义”问题的研究还停留于“信仰”与“精神”领域，仅仅将其当作一个社会事实进行分析的时候，尼采和海德格尔已经站在西方现代哲学前沿，深入人类思想史中，找到了隐匿于价值虚无主义背后并走到决定作用的形而上学，尝试通

[1] 《共产党宣言》，人民出版社 1997 年版，第 30—31 页。
[2] 伯曼：《一切坚固的东西都烟消云散了：现代性体验》，徐大建等译，商务印书馆 2003 年版，第 129 页。

过对“形而上学”的扬弃完成对“价值虚无主义”的克服。

尼采是第一个去探索和尝试揭示价值虚无主义产生根源和本质的现代哲学家。在《权力意志》一书中，尼采提到“一切客人中这个最不祥的客人”[1]——虚无主义，已经“站在门前”，“虚无主义到来了”。什么是价值虚无主义？在尼采看来，虚无主义就是中世纪的上帝之死，造成的最高价值的罢黜。上帝死了，彼岸世界的最高价值标准也随之轰然倒塌，此岸世界的人们就陷入了无信仰的混乱。但是尼采对价值虚无主义的理解并没有局限于此，他进一步揭示了造成价值虚无主义的根源——肇始自柏拉图以来的西方形而上学。在尼采看来，形而上学最大的欲望就是在否定人的现实世界的基础上，为人类捏造一个并不存在但却被奉为最高价值的彼岸世界，并乐此不疲。形而上学所设定的这种最高价值的虚幻性，也就为人类价值虚无主义埋下了种子。在尼采看来，从形而上学的建立，到上帝之死，虚无主义经历了一个由隐到显的过程。因而虚无主义又不仅仅指代上帝之死，而是根源于柏拉图以来那种主客二元对立的形而上学的思维方式，它将价值世界和人的现实的世界相割裂，并认为只有超感性的世界才是有价值的世界，现实的人的世界是没有价值的，虚无主义作为形而上学的本质就在于此。形而上学导致理念世界和现实世界的颠倒，认识到这一点之后，尼采克服虚无主义的路径，就是要重估一切价值，从而建立一个新的价值秩序——权力意志的价值体系。尼采反对如柏拉图或基督教那样，在人的生命之外设定一个关于人的抽象的价值理念或价值实体。他认为人的现实生命价值规范只能来自人的生命自身，所以他要求建立权力意志的价值体系。尼采认为权力意志是一种来自人的生命意志，代表着人的生命力，是属人的，因而它有资格成为人的价值评判的依据。尼采就这样用自己的权力意志的价值体系，彻底否定了旧的价值体系。

海德格尔肯定了尼采在价值虚无主义问题研究上所取得的成果——尼

[1] 尼采：《权力意志》，陈筱卿译，中央编译局出版社 2005 年版，第 385 页。

采看到了现代社会人类价值的虚无主义与形而上学的内在关系，揭示了形而上学对人的现实价值的遮蔽和否定。在海德格尔看来，尽管尼采抓住了现代社会价值虚无主义的症结所在，却并不能彻底地清算形而上学传统，并完成对价值虚无主义的克服。问题在于尼采的“权力意志”的价值体系作为一种颠倒了的柏拉图主义，并没有超出形而上学的范畴，反而将价值虚无主义推向极致。在海德格尔看来，要想规避尼采的困境，就必须将对虚无主义的研究引入一个更基础的领域——存在领域。海德格尔认为价值虚无主义的根本原因，就在于受形而上学思维方式的影响，人们执着于对存在者的追问，而遗忘与遮蔽了存在自身。他将现代社会这种由于“存在”被遮蔽所导致的虚无主义认定为现代人无家可归的命运。按照海德格尔的理解，要想真正地摆脱人类无家可归的命运、克服虚无主义，就必须改变人们无视存在而只关心和追问存在者的陋习。在他看来，只有通过存在的澄明才能真正解决现代人无家可归的命运。而存在何以澄明？海德格尔认为存在之所以长久地居于被遮蔽的命运，就在于自柏拉图以来的整个西方哲学占据绝对话语权的形而上学。正是长久以来受这种形而上学传统的影响，人们关心的是存在者何为存在者，而忽视与遮蔽了存在本身。在海德格尔看来，要想实现存在的澄明，就必须打破这种形而上学的思维方式。如何克服形而上学的哲学传统呢？海德格尔通过对形而上学思想谱系的研究，找到的理论路径就是要求回到形而上学诞生之前，即苏格拉底那里。

可以说，尼采和海德格尔对现代社会价值虚无主义的研究，贡献是重大的，他们不仅深刻地揭示了人类价值虚无主义这一现实困境，并敏锐地把握了造成现代社会价值困境的思想原因——形而上学，同时也将现代社会人的价值问题引入现代哲学领域，推动了现代哲学的转向。哲学不再是片面地沉溺于对某种抽象存在或抽象观念的追求，而是转向对人的现实命运的关怀。但遗憾的是，尼采和海德格尔都没有找到克服价值虚无主义的有效途径。究其原因在于他们只看到了价值虚无主义产生的思想原因——

形而上学，从而执着于对形而上学谱系和思维特性的研究，而没有进一步去思考和追问形而上学产生的现实基础。这就导致他们将价值虚无主义仅仅看作是形而上学的理论后果，而没有看到其存在的现实基础。由于缺乏对现实的社会历史的批判与反思，他们也就无法真正地解决现代性的人类价值虚无主义，所以张文喜教授称尼采和海德格尔为“对虚无主义回应的症候性思想家”[1]。

在尼采与海德格尔的努力下，人类完成了解放的第一个环节——“思想解放”，破除了虚假意识对人的抽象统治。但在马克思哲学看来，现代哲学家永远无法彻底摆脱形而上学的现实，因为，他们在解放的第二个环节，也就是“人的解放”面前戛然而止、裹足不前。相较于尼采和海德格尔，马克思则洞察到了现代社会人类的价值危机，并以更深刻方式把握了价值虚无主义产生的根源与实质，就连海德格尔都不得不承认，“因为马克思在体会到异化的时候深入到历史的本质性的一度中去了，所以马克思主义关于历史的观点比其余的历史学优越”[2]。在这个意义上，我们说马克思关于价值虚无主义与形而上学的理解，既超越了他之前的哲学家，又使他之后的包括尼采和海德格尔在内的其他西方现代哲学家难以超越。马克思认为人们的理论领域之所以出现了抽象的形而上学思想，就在于现实生活中出现了这种抽象和颠倒的现实关系，即抽象的资本作为主体，对作为客体的现实的人的统治和压迫。马克思创造性地揭示出现代社会占据统治地位的是资本。资本体现着形而上学的“同一性”的抽象原则，把资产阶级社会的一切都纳入自己的逻辑统治之下。资本变成了上帝死后整个社会最高的价值标准，打破了以前人们所寻求的真善美等高尚的价值追求，重新为人类价值进行定义，将交换价值看作是唯一真实有效的价值。无论人和物，要想在资产阶级社会获得自己的价值，就必须将自身转化为交换价值，一切都必须在“平等”的市场中展示和证明自己有用性的大小，即到

[1] 张文喜：《颠覆形而上学：马克思与海德格尔之论》，中国社会科学出版社 2004 年版，第 280 页。
[2] 海德格尔：《海德格尔选集（上卷）》，孙周兴译，上海三联书店 1996 年版，第 383 页。

底等于多少货币。资本作为尘世的上帝，把包括人在内的一切存在都控制在自己的价值王国。同时资本基于自身增值和扩张的需要，不断地要求生产更多的财富，这也就需要资本不停地创造财富又不停地摧毁已经创造出来的价值，通过不断地进行创造和摧毁，资本陷入了一个无限循环的怪圈。因而在资本那里，除了资本自身以外，再也没有什么永恒的、固定的价值了，一切都走向虚无。在资本面前，原本具有独立性的人却沦为了资本实现自我增值和扩张的工具，人的价值就在于不断地满足资本扩张的需求，人的关系必须通过资本的中介才能得到实现，资本是现代社会最高的价值实体。

在此基础上，马克思揭示了现代性的实质，即资本通过与形而上学的共谋，形成强大的资本逻辑，对现实的人进行抽象的统治。“形而上学”与“资本”基于强权统治欲望，践行着共同的“同一性”原则，通过共同的“谋划”，结成了恐怖的同盟，并通过“资本逻辑”的抽象统治，在现实生活中发挥着强大的力量。形而上学为资本的膨胀与扩张提供了合法性依据和运行原则；而资本又为形而上学争得了现实的栖息之地，资本就是实体化了的形而上学。正是现代性资本逻辑与形而上学逻辑的双重在场和彼此共谋，使得“受抽象统治”成了现代人类普遍遭遇却又无力挣脱的时代命运。马克思认为，这是造成价值虚无主义的根本原因。

马克思指出：“意识的一切形式和产物不是可以通过精神的批判来消灭的，不是可以通过把它们消融在‘自我意识’中或化为‘幽灵’、‘怪影’、‘怪想’等等来消灭的，而只有通过实际地推翻这一切唯心主义谬论所由产生的现实的社会关系，才能把它们消灭。”[1] 因此，在马克思哲学看来，只是聚焦并完成了形而上学理论批判不仅无法彻底终结形而上学，反而落入形而上学的窠臼，发展成为更加极端的形而上学。马克思认为，要想彻底解决现代人价值虚无主义的困境，就必须同时完成形而上学的理论

[1] 《马克思恩格斯选集（第 1 卷）》，人民出版社 2009 年版，第 92 页。

批判和社会历史批判。通过形而上学的理论批判，可以破除虚幻对人的统治与遮蔽，将人从对超验世界的仰慕，转向对现实的人及其命运的关注，并开始以“人”的视角去看待人自身以及人与世界的关系；而通过形而上学的社会历史批判，则可以让人深入社会历史现实之中，去研究和揭示人的现实生存境遇，找到现实生活中统治与剥削人的“恶”因素，从而改变现代人的生存困境，探求人的“现实”价值何以可能。

马克思认为资本逻辑对人的抽象统治，就集中地体现在现代社会工人阶级无家可归的悲惨命运。马克思批判性地考察了资产阶级社会的现实历史条件，发现那个宣扬自由、平等的社会，并没有它承诺的那样美好，而是充满了剥削和压迫。资本主义生产的一切目的都是为了满足资本家扩充财富和巩固自身优势地位的需要。对剩余价值的渴望和对资本增值的需求，使得资本家不断地采用各种手段剥削压迫工人阶级。在资产阶级社会，工人阶级为了能够维持生存和发展，不得不将自己的劳动转换为商品进行出卖。因而，此时工人阶级所进行的劳动并不是基于他们现实的主观意愿，而是迫于生存的压力。在劳动的过程中，工人阶级受到了残酷的剥削，他们在劳动的时候感觉到的不是自由本性的发挥，而是一种外在的压力和痛苦，只有在劳动的空闲，他们才能暂时放松一下。工人阶级虽然是社会物质财富的创造者，但是他们所创造出的物质财富却是和他们相敌对的力量。他们创造的物质财富越多，和他们敌对的力量也就越强大，工人阶级也就越感觉到无力。他们深深地被资本的逻辑所裹挟着，被资本当作自我增值的工具。现代社会作为工人阶级的人，已经完全丧失了人之为人的丰富本性，而仅仅变成了工具和手段。作为工人阶级的人的现实生命价值也就被彻底抹杀和掩盖，工人阶级走上了无家可归的虚无主义命运。

在对资产阶级社会现实深刻把握和反思的基础上，在对资产阶级社会那种颠倒的生产关系的深刻洞察上，马克思确立了自己哲学的根本旨趣——要求改变现代社会工人阶级无家可归的命运，要求实现人的真实价值的重建，实现人类的解放。在马克思看来，只要资本作为一种生产关系继续存在，即资本主义私有制还存在，人类就永远无法摆脱受抽象统治的命运，也就无法真正实现向人的价值的复归。因而，马克思要求对资本主义的生产关系进行彻底的革命，要求消灭私有财产，将人从资本逻辑的抽象统治之下解放出来。马克思哲学指出，只有消灭了导致人类价值走向虚无主义的资本逻辑的抽象统治，瓦解资本主义的生产关系，才能实现人的真实的价值理想——人的自由个性。在马克思看来，一方面由于现代社会资本的变动性和永不停歇性，使得一切固定的价值都不再存在了，生产力越发展，创造的财富越多，资本也就越难以掌握它们，这为消解资本提供了可能性；另一方面资本自我扩张的需要，极大地推动了现代社会生产力的发展，使得越来越多的人沦为无产阶级，这就为消灭资本提供了现实的力量。马克思认为要真正解构资本，就必须在政治解放之后进行人的解放，彻底消解作为资产阶级社会的私有制度，瓦解资本作为物对人的抽象统治，才能从人对物的依赖阶段进入人的全面自由阶段，从而实现人的真实价值的重建。在马克思哲学那里，价值也就实现了转向：价值存在的根据不再是某种先验本质，而是人的创造性的实践活动；价值的主体也不再是任何抽象的存在，而是真实的独立个体。这样，人类所追求的价值理想就不再是那种抽象的价值实体，而是共产主义所追寻的人的真正的自由个性。

通过形而上学的社会历史批判，马克思完成了哲学的双重革命：其一，中断了西方形而上学的哲学传统，将人们从对“超验”领域或“抽象”物质的关注，转向对处于社会历史发展之中的“现实的人”的关注。其二，完成现代社会价值革命与重建，马克思哲学将对价值问题的研究从“抽象”的领域转向“实践”的领域，不再执着于对“永恒”价值和“至高”价值的可慕，而是从社会历史现实出发，转向对真正契合人性、满足人的需要的价值的探索与重建。

马克思哲学蕴含着强大的辩证法，体现了马克思哲学的革命宗旨和创造性：在对资本主义旧世界的批判中，去发现一个新的世界——一个摆脱一切抽象统治的真正属人的新世界。以“实践哲学”重新去探索价值，价值就不再是那种超感性的、永恒的存在，不再是关于大写的人的抽象的价值规定性，而是奠基于人的实践活动中的现实的人的价值。马克思所要实现的人的价值，不再是来自彼岸世界的普照的光，而是关于现实的人的真实价值；人的生命价值所指向的，就不再是一个封闭的实体，而是立足于实践基础上的一种无限的创造性与敞开性；人的生命价值所实现的过程，也不再是一个忽略了人性、无限靠近神圣性的过程，而是个体生命在人的历史性的实践活动中不断展开自身的丰富性与多样性。

# 第一章

# 现代性的时代病症
# ——价值虚无主义

## 一、现代性背景下价值虚无主义的泛滥

价值虚无主义是现代性带来的一个重大危机，反映着社会发展和人的现实处境，对价值虚无主义的反省就构成了对现代性的深层反省。“无论我探究个人、历史时代、家庭、民族、国家或任一社会历史群体的内在本质，唯有当我把握其具体的价值评估、价值选取的系统，我才算深入地了解它。我称这一系统为这些主体的精神气质(或性格)”[1]。现代性是我们所遭遇的一个时代背景，也是现代社会的本质特点，其典型特质是“理性主义”的盛行。一方面，它完成了世界的祛魅，将人们从对上帝的爱慕转向对人们现实的世俗生活的关注，这是现代性的进步。在人们的生活中，充当世界根据和人的价值根据的，就不再是与人没有任何实质性关系的抽象的“理念”或“上帝”，世界的真相与秩序皆植根于人类自身的“理性”。另一方面，现代社会理性的觉醒也带来了两个后果，这两个后果分别分布于两个不同的领域——公共领域和私人领域。在公共领域表现为主体理性的独断。18世纪的启蒙运动推动了人类理性的自觉与强大，进而杀死了那个外在于人却统治着人的上帝，为科学认识世界奠定基础。但是完成上帝祛魅之后的主体理性却又移居上帝之所，宣称自己掌握着世界的秘密与法则。因此，理性其实质仍然是一种抽象同一性的力量，是伪装了的上帝，是另一种居于统治地位的抽象实体。在私人领域表现为个体价值的被遮蔽。以上帝为代表的传统最高价值的解体，为个人价值的产生提供了历

[1] 舍勒:《爱的秩序》，林克等译，生活·读书·新知三联书店1995年版，第35页。

史机遇。人类摒弃从超验世界寻找外在价值规范的哲学传统，而是试图立足世俗世界确立新的价值规范，这是人类发展史上的一次重大进步。但是在资产阶级社会，个人价值尚未得到彰显，便被新的大写的价值——资本价值所取代。所谓资本价值，指的是资本成为最高价值，并成为衡量人与事物是否具有价值以及价值多少的重要尺度。在资本面前，人的价值，特别是个体价值再次被扭曲，甚至被隐匿。因此，在现代社会，无论是在公共领域，还是在私人领域，现实的人的价值总是处于缺席和被遮蔽、被遗忘的状态，即价值虚无主义。

反思现代性，是时代的共鸣。现代性，是马克思哲学所处的理论视域；“人”的生存、价值与自由，是马克思哲学一以贯之的研究主题；资产阶级社会，是马克思哲学的时代语境。在现代性的背景之下，深入资产阶级社会历史现实，去研究人的价值问题、探求人的价值秩序、追问价值何以可能，就构成了马克思哲学的一个重要内容，也是马克思哲学反思现代性和现代人生存境遇的重要维度。“克服价值虚无主义对现代人生命的侵袭,已成为整个现代哲学和现代人生活所面临的根本性课题”[1]。正是通过对现代人虚无主义命运的揭示和对人类现实价值何以可能的探索，马克思哲学完成了自身的革命。

## （一）现代性与虚无主义

理解现代性，“对于深入理解现代人的生存品性，揭示现代人和现代社会的内在困境和危机，破解种种阻碍人生存发展的抽象原则和过时教条，具有重要的意义”[2]。随着现代化进程的高速推进，不可避免地带来了一系列的问题，即现代性问题。价值虚无主义作为一种社会现象和思潮，

[1] 贺来:《有尊严的幸福生活何以可能》，中国社会科学出版社 2013 年版，第 481 页。
[2] 吴宁:《现代性和虚无主义》,《现代哲学》2010 年第 5 期。

就是伴随着现代性而来的一个重要问题。“现代生活既是革命的也是保守的；它意识到各种新的经验与历险的可能，它受到许许多多现代历险都会导致的深厚虚无主义思想的恐吓，它渴望创造并且抓住某种真实的东西而不管一切东西都在融化”[1]。

价值虚无主义本质上是一种精神危机，因为“这种新生的稳定意识本身充满了玄幻，而旧时所坚持的信念又不复存在了。如此局势将我们带回到虚无。由于既无过去又无将来，我们正面临着一片空白”[2]。旧的价值体系被强大的现代性所打破，然而新的价值体系却迟迟无法建立起来。在西方，传统形而上学和宗教价值体系不断受到冲击，上帝在人们心中那至高无上的地位受到冲击，不断有人发出上帝已死的呼声。伴随着上帝这一终极价值的消失带来的诸神的隐遁与新的价值体系的缺失与断裂，使得人们在价值领域出现虚无与混乱，人们出现了心灵空虚、寂寞、焦虑、吸毒等一系列心灵空虚和精神迷失的表现，自杀仿佛成为一种正常的社会现象。在《荒诞的幽灵：现代虚无主义的根源与批判》中，克罗斯认为随着现代性而来出现了一系列的虚无主义问题，主要表现在以下几个方面[3]：

（1）政治虚无主义。19 世纪的俄国出现了一系列反对沙皇统治的革命组织，这些革命组织无论是“人民意志”组织，还是“土地与自由”组织等都称自己为“虚无主义者”。其含义就是反政府主义，即否定当时沙皇的独裁统治，反对反动的政府，抗争一切阻碍他们革命和改革的行为，提出要推翻压迫人们的旧政权建立一个新的自由的政府。但是随着“虚无主义”概念发生变化，到 19 世纪 70 年代，虚无主义变成一个贬义的概念。革命者逐渐放弃了这一称呼。

（2）认识论的虚无主义。克罗斯认为认识论的虚无主义表现为两种形式：第一种是“真理相对主义”，即我们所认识到的真理不具有绝对的、

[1] 伯曼：《一切坚固的东西都烟消云散了：现代性体验》，徐大建等译，商务印书馆 2003 年版，第 13 页。
[2] 贝尔：《资本主义文化矛盾》，赵一凡等译，生活・读书・新知三联书店 1989 年版，第 74 页。
[3] 以下参考自余虹：《虚无主义——我们的深渊与命运？》，《学术月刊》2006 年第 7 期。

普遍的意义，而只是相对的、特定意义上的，只是某一时代某一群人的观点。寻求客观的、超脱于事物之外的真理注定是错误的行为。因为抽象的概念脱离了具体的事物，只是某些团体的抽象的、个别的价值信念。第二种认识论的虚无主义者认为不存在超语言的元语言，因此真理从语义学上来讲只是自我封闭的概念，不存在普遍有效性。针对不存在超语言的状况，克罗斯还以毛特纳的《语言批判》中的内容为例子。毛特纳认为："每个语言共同体都因其固有而独特的意义规范与真理规范而彼此封闭，所谓逻辑与科学不过是在当下被普遍接受的某个别话语习规，因此，对全部语言共有的逻辑结构或原则的寻求是徒劳的。"

（3）道德虚无主义。在克罗斯看来道德虚无主义又分为三种类型：一是超道德主义（Amoralism）。这种主义认为人们所处的世界中不存在人们需要赖以服从的道德法则，生活中无所谓道德也无所谓不道德，这就是丛林法则——弱肉强食，道德只是用来遮掩自己行为、谋取私利的手段。二是道德主观主义（Moralsubjectivisim）。道德主观主义认为道德只是主观的，一切道德的评判只是出于个人主观任意的意志，在不同的道德发生冲突时没有什么可供裁判的标准与依据。有些人会根据自己特殊的偏好和各自的利益对道德的规则进行篡改。三是唯我论（Egoism）。作为唯我论的道德虚无主义并不否定一切道德价值体系，而只在于坚持一种利己主义的道德立场：只要是对自己有利的就可以看作客观普遍的道德规范，只要是对自己不利的就会被看作是非道德的。这种一切以利己主义为道德准则的唯我论依旧是虚无主义，原因就在于它将通常的道德观，包括人与人之间的相互平等关系给否定了，将道德的普遍性和客观性也否定了。

（4）宇宙论的虚无主义。所谓"宇宙论的虚无主义"，即断言宇宙的运动发展是无目的性的运动，这种运动没有意义，当然也就没有价值。宇宙的运作是随意的，是没有任何价值体系蕴含其中的运作，其中各个星体的产生、运动、发展、衰亡都是无目的性的、任意的事件。极端的虚无主义者甚至完全否定宇宙具有任何客观规律和可知的秩序，有些人甚至认为宇宙的运动发展本质上就是邪恶的，最终导致的是恶的后果。

（5）生存论的虚无主义。“生存论的虚无主义”主要观点是人类的生存发展毫无目的性，人类在日常生活中的行为根本就没有什么终极的目的和价值追求。克罗斯认为“生存论的虚无主义”是前面所说的几种虚无主义的综合，意指人类生存的虚无是与人类有关的一切的虚无。在加缪看来，我们所生存的世界与我们是格格不入的、无理性的存在。一方面，我们渴望理解世界、融入世界，并且把世界和宇宙作为自己生存与心灵寄托的家园；另一方面，这个世界对我们而言又是陌生的，我们失去了可以寄托心灵的家园。这一切必然导致心灵的堕落，或者说精神的堕落。

无论是政治虚无主义、认识论的虚无主义、道德虚无主义，还是宇宙论的虚无主义、生存论的虚无主义，都体现着人们在价值与信仰领域的危机。造成虚无主义泛滥的最主要的原因，就是现代性所造成的价值虚无主义。随着近代科学的发展与启蒙运动的展开，人类意识到“我”在世界中应该处于何种地位。随着上帝之死，人类从“神圣”价值的普照的光中解放出来，为“人”的价值的出场提供了历史机遇与条件。但是上帝之死造成一切领域丧失了标准与信仰，人类的理性又无法担负起这一历史重任，最终深陷了价值虚无主义的泥潭。

西方世界，现代性的浪潮席卷而来，洗刷掉了人们传统的价值体系和精神信仰，随之而来的便是信仰的虚无与精神的堕落。以前所坚守的神圣的信仰变得不再神圣，超验的价值追求和永恒的道德体系变成一纸空文。人们不再有毋庸置疑的普遍的道德依据作为行为的准则。真理、正义仿佛已经远离人们而去。伴随着崇高的消亡，随之而来的就是堕落。人们的行为开始失序，因为没有了道德体系的规范，人们的操守变得没有下限。追求享乐和放纵的生活仿佛成为人们生活的唯一目标，因为人们已然失去了目标，他们的精神是空虚的，他们抛弃了上帝，他们也被上帝所抛弃。亵渎神灵和其他神圣的对象变得正常起来，仿佛不再是错误的事情。这种生活中精神的堕落是生存论意义上的虚无主义。

在现当代社会，虚无主义已经在包括哲学、历史、民族、文化、伦理道德、法律、艺术等各个领域都有所表现。哲学上的虚无主义包括：施特劳斯所谓德国的“特殊现象”，尼采所谓的“柏拉图主义”，否定现实世界的诺斯替主义，以及对尼采虚无主义隐微论解释的彻底的虚无主义。历史虚无主义主要表现为否定历史发展的客观规律，以肯定孤立的历史事件否定整个历史的发展过程，以个别否定整体，以特殊否定普遍的历史观。民族虚无主义强调各民族的无差别性，强调表面意义上的民族平等，否定民族的特殊传统和历史文化遗产，否定每个民族的独特性和优秀特征，这实际上是大国沙文主义和大民族主义的表现。文化虚无主义主要指否定人生和世界的意义，否定传统文明的价值观，否定历史文明和文化遗产，是对传统文化遗产的片面否定。艺术中的超现实主义、立体主义一般都被认为是虚无主义，广泛地说，现代艺术就是被看作虚无主义的艺术。

虚无主义自 19 世纪兴起，经过 20 世纪的发展，到今天的 21 世纪已经变成一个我们不可忽视的问题，虚无主义已经弥漫在各个领域和方面，而价值虚无主义则是现代性的一个重大危机，现代社会种种虚无主义的出现，都是价值虚无主义的展开和进一步的表现。

## （二）价值虚无主义危机

价值虚无主义是现代人所遭遇的一个重大的、根本性的危机。正是在价值虚无主义的作用下，人们陷入了普遍的、全面的虚无主义的命运。在现代社会，价值虚无主义的表现是多方面的和多层次的，从而引发了现代哲学家的广泛关注。价值虚无主义在现代社会的表现为：在西方社会，上帝之死所带来的最高价值的解体，使人们失去了统一的价值规范；伴随着最高价值的解体后，人们对自我价值的过度追捧，以及神圣价值失落后所导致的现代社会人们价值的失序和混乱。现代社会价值虚无主义，直接威胁到了人类的命运。

对现代性展开反思，首先要反思现代性中的价值虚无主义，这是一个切实关系到人类命运的重大问题。西方形而上学和宗教思想铸就了其传统价值观。无论是肇始于古希腊的传统形而上学还是始于公元 1 世纪的基督教思想，无不在宣扬一个超验的价值体系，即在这个价值体系中有一个超验的理念。传统形而上学的开创者柏拉图，认为有一个超越于现实感性世界之外的理念世界。这个理念世界即为感性世界的本质，感性世界中的事物之所以能够暂时存在，之所以能够有意义，是因为“分有”了理念世界的理念。柏拉图称这理念为“共相”，共相即感性世界中个体事物的真理。在感性世界中的个人只有认识到理念世界的共相，才能够获得认识的真理。

同理，基督教思想给人们提供了一个超验的上帝。人们必须要信仰上帝、尊重上帝，服从上帝的意志，遵守宗教的教义。这是因为个人都有“原罪”，生活在这个世界中人们不可避免地会受到奴役、苦难的侵袭。只有投入基督上帝的怀抱，遵从基督教的教义教规，履行基督教的道德价值体系，才能在死去时获得救赎。上帝是彼岸至高无上的权威，是绝对真理的化身，是世界的创造者。人们产生于上帝，又在死去后复归于上帝。

这里无论是传统形而上学，还是基督教思想，都设定了一个区别：超验与感性经验、神圣与平凡、普遍与特殊的区别。神谕和真理是神圣的、普遍的、永恒的真理，个人是平凡的、特殊的、嬗变的有限者。个人必须服从普遍永恒的上帝与真理，必须听命于超验的上帝和真理。上帝与真理就是人们日常行为中的价值源泉，人们所有的价值选择必须以上帝和真理为根据，否则人们的行为将会失去标准，人们所追求的价值就是没有意义的。上帝和真理就是绝对价值，不管人们愿意与否，必须无条件地服从上帝与真理的旨意，人们的行为必须符合上帝和真理的价值，每一个人的存在与行为只是上帝和真理统治下的价值体系的一个组成部分。

以上所论述的传统价值体系的问题，实质上是在论述价值与人的关系问题。“讨论价值信念并反思价值虚无主义的根源及其克服，一个前提问题是澄清价值信念真实载体或承担者”[1]。价值的承载者即人，正因为价值的承载者有了明确的对象，价值体系才能够得以持续运行，并根据人的需要不断修正。这里的“人”显然不是指自然意义上的人，而是自由的、有独立人格的生命个体。

因为物无法作为价值信念的承担者，只有人才能够提出价值信念的问题，人作为具有独立人格的自由生命体总是不断地追问命的意义和价值问题，这是人与物的区别之所在。人有一种对社会现实的思考，即思考世界、现实与人生的意义。人思考人生的意义并且根据这种思考去指导自己生活与生命的运行轨迹。当然并不是所有的人都能够追问意义与价值的，而只能是自由的生命个体，即人是自由的。“个人的意志是自由的，正是这种自由性，才确立起对道德法则的敬重，并因此确立起人的尊严，个人也才能为自己的行为真正承担起责任，因为在这里，‘责任’不是外在强加的，而是以自由为根据的自我立法”[2]。自由使得人们可以选择自己的价值，能够确定何种价值对自己是有意义的，并且这种价值是能够对自身的生命之为生命的本质有所帮助。

当然，也正因为价值是自己自由的选择，因而人必须对自己的选择负责。责任是人在自由选择的过程中必然产生的。但是恰恰因为责任成了人们日常生活中不能承受之重，因此，人们不得不在自己道德独立人格之外设定一个超越于自我的上帝作为绝对价值。人们觉得自己的自由选择恰恰造就了自己深重的罪孽，感觉到无法承担这种自由选择带来的沉甸甸的责任。因此，人们选择去信仰上帝，去把自己行为的审判权交予上帝，并期望自己的错误行为能够得到上帝的原谅和救赎。然而这种设定使得人们把

---

[1] 贺来：《寻求价值信念的真实主体——反思与克服价值虚无主义的基本前提》，《社会科学战线》2012 年第 1 期。

[2] 贺来：《寻求价值信念的真实主体——反思与克服价值虚无主义的基本前提》，《社会科学战线》2012 年第 1 期。

自己束缚住了，上帝和真理成为指导人们行为的唯一根据。人们的每一次践履都在考虑自己的行为是否符合上帝的意志。是上帝决定自己的行为而不是自己决定自己的行为，是上帝告诉人们什么是有价值的而不是自己认为什么是有价值的。

因此，西方传统的价值体系限制了人们自由独立的人格和生命之为生命的自由本性。人们设定独立于自身之外的上帝和真理作为绝对价值来指导自己的行为，然而恰恰是这种设定限制了自己的行为，个人的自由被抽象设定的对象扼杀。“个人的自由被剥夺，个人的独立人格被压制，负责任的价值主体因此而被虚无化”[1]。上帝代替人行使本应该是人去做的选择，人服从上帝的意志而放弃了自己的自由。

传统的基督教思想和传统形而上学思想最终都会走向价值虚无主义。因为传统的价值观一方面要求人们牺牲自己的独立人格，服从于抽象的设定物，这种服从导致个体的虚无化。这种传统的价值观扼杀了生命的本能，在绝对价值的束缚下，人们沉迷于绝对价值的神圣性而牺牲掉了作为自由、独立人格的创造性和生命力。另一方面，尼采认为在他们所处的时代，上帝死了。而上帝或者说绝对价值的消亡，导致整个价值体系的核心和基础的消亡。没有了核心的价值体系，其结果只能是走向价值虚无主义。

价值体系之所以能够形成，除了价值的载体——自由独立的个体之外，价值本身也是我们需要关注的对象。西方传统价值学说除扼杀了独立的生命个体的自由和生命力之外，还导致价值本身的虚无化。这主要是因为，绝对价值是超越于现实世界中的彼岸世界。彼岸世界随着现代性的发展逐渐被证明只是空洞的玄想。因此价值随着现代性的发展也便渐渐虚无化。一方面，在人们心中拥有至高无上地位的上帝死了；另一方面，现代性思想对超验的真理观提出质疑。当彼岸的绝对价值在现代性的冲击下无

[1] 贺来：《寻求价值信念的真实主体——反思与克服价值虚无主义的基本前提》，《社会科学战线》2012 年第 1 期。

力应对时，绝对价值的存在越来越遭到人们的质疑，然而已经习惯于服从上帝意志的人们无法快速寻找一种新的价值规范来指导自身，价值虚无主义便在这种旧的价值体系消亡、新的价值体系尚未建立的窘境中应运而生，导致的典型后果就是现代社会价值多元化的泛滥和价值的失序。

现代社会价值领域，是一个颠倒了的领域，也是一个诸种价值规范相互斯杀的领域。因而对现代社会价值虚无主义的思考与反思，就成为一个迫切的哲学任务。在这方面，现代哲学家为我们提供了有效的思想来源和理论指导。

## 二、价值虚无主义的实质

“虚无主义”，其实并不是一个自明性的词汇，它的理论内涵和外延都历经了一个逐渐演变的过程。上一节已经介绍了作为现代性的一个重大危机，价值虚无主义在现代社会的表现。本节进一步通过对虚无主义的词源考证，以及考察现代哲学家尼采、海德格尔对虚无主义问题的研究，揭示价值虚无主义的实质。

虚无主义最初是通过俄国文学而广泛流传开来的。虚无主义在 19 世纪俨然成为一个最时髦的词汇，席卷了俄国的文化领域，在阅读屠格涅夫、陀思妥耶夫斯基等文学家作品的时候，我们经常可以看到“虚无主义”的身影。但是一直到尼采，才把虚无主义看作是西方人精神生活的一个大事件，进行了专门和系统的研究与思考，揭示了虚无主义的本质、产生根源。所以加缪评价说，“尼采挑起了虚无主义的全副重担，使虚无主义第一次成为有意识的东西”[1]。接过尼采的问题，海德格尔对虚无主义的本质和产生根源进行了更深刻的揭露。尼采和海德格尔对虚无主义的研

[1] 周国平:《尼采与形而上学》，译林出版社 2012 年版，第 1 页。

究，对现代哲学产生了重大和深远的影响。

## （一）虚无主义的词源考证

“虚无主义”一词，最早来源于拉丁文“nihili”，大体意思是指一切皆无，什么都没有。“虚无主义（Nihilismus）”这个词汇一开始是用来指称异教徒。约亨·古德斯布洛姆在《虚无主义与文化》中认为“虚无主义”最早被使用于法国大革命时期，那时是作为一个侮辱性的概念而出现的。而后虚无主义便被用来称谓那些在政治上毫无价值的人物。因此我们可以发现，这个概念从产生到运用，一直是作为一个贬义的词汇来使用的。虚无主义者因而也便被用来称谓那些藐视权威与习俗，不信任传统的激进主义者。俄国一部分自诩为“虚无主义者”的政治激进运动者，在发现这个词汇所带有的贬义之后，也便放弃了对自身的这一称呼。

根据海德格尔的考证，最早使用“虚无主义”这个词汇的人，是德国哲学家弗里德里希·雅可比。在雅可比那里，虚无主义最初是被用来回应理性主义或唯心主义的。他认为所有的理性主义最终都可以被归为虚无，因此他认为人们应该尽力避免理性主义。从虚无主义被等同于理性主义或唯心主义这一点，我们可以看到，在雅可比那里，虚无主义的含义与后来它在哲学上被使用的含义有着很大的不同。

尽管“虚无主义”最初是在哲学的意义上被使用的，但是直到俄国文学家屠格涅夫那里，“虚无主义”一词才开始真正地流行开来，并具有了一个较为明确的含义，“惟有在我们的感官感知中可获得的、亦即被我们亲身经验到的存在者，才是现实的和存在着的，此外一切皆虚无”[1]。屠格涅夫在他的小说《父与子》中，则使用这个词汇塑造了巴扎洛夫这一平民

[1]　海德格尔：《尼采》，孙周兴译，商务印书馆2002年版，第669页。

知识分子的形象。“这位杰出人物正是那种刚刚产生，还在酝酿阶段，后来被称为虚无主义的化身”[1]。这部小说中，巴扎洛夫的朋友这样形容虚无主义：“虚无主义者是一个不服从任何权威的人，他不跟着旁人信仰任何原则，不管这个原则是怎样被人认为神圣不可侵犯的”[2]。巴扎洛夫说：“我们认为有益的事情，我们就用它来行动，现在最有益的事情就是否定——我们来否定，并且否定一切可以否定的。唯有我们的感官可获得的，亦即被我们所亲身体验到的存在者，才是现实存在着的存在者，其他一切皆为虚无。”[3] 在屠格涅夫的文学作品里，虚无主义者是一切权威和偶像的否定者、破坏者，他们对生活持有一种消极的、悲观的态度。他们不相信科学、艺术、逻辑、公平、自由，等等，不相信任何的权威，也不相信任何信仰的力量。他们对这个国家和社会都丧失了信心，认为生命和生活都丧失了应有的意义，通过否定和破坏来麻痹自己。屠格涅夫所揭示出的这一思想，在平民知识分子那里得到了广泛的响应。虚无主义俨然成了一个最时髦的词汇，席卷了俄国文化领域。除了屠格涅夫，像安德列耶夫、车尔尼雪夫斯基、陀思妥耶夫斯基等俄国文学巨匠的作品里，虚无主义的形象也曾闪现。

在俄国文学的带动下，虚无主义迅速在欧洲流传开来，甚至形成了一股强大的虚无主义的文化思潮，随后也有一些哲学家在表达其哲学思想的时候使用过这个词汇。其中比较著名的有以施特劳斯为代表的德国哲学家，他们将虚无主义看作是一种特殊的德国现象，20 世纪初的德国成为虚无主义的代表。从字面意思来看，虚无意味着包括自己身体、意志在内的东西都统统毁灭，显然德国的虚无主义者并不是这样来理解和看待虚无主义的。他们意欲毁灭的只是某一种事物——现代文明。虽然以施特劳斯为代表的这些德国的虚无主义者反对现代文明，但是他们也不是盲目地反

[1] 鲍戈斯洛夫斯基：《屠格涅夫》，冀刚等译，上海译文出版社 1983 年版，第 317 页。

[2] 屠格涅夫：《前夜　父与子》，巴金译，人民文学出版社 1979 年版，第 228 页。

[3] 刘硕良主编：《屠格涅夫全集（第 3 卷）》，河北教育出版社出版 1994 年版，第 236 页。

对一切现代文明，他们只是反对“道德价值”的文明，而并不反对技术文明。在德国虚无主义者看来，“道德文明”是虚假的，只是追逐私利的人们玩弄道德的一种游戏，“将是寻欢逐利者、追求无责任权力者的渊薮，不啻集各种不负责任、玩世不恭之大成”[1]。由于德国虚无主义者本身对文明持有一种排斥态度，导致其拒绝任何学习文明与知识的机缘，因而也就没有办法学到任何真正有价值的知识。在他们看来，文明对于人类的生存来说完全是另外一回事，离开了现代文明，人也可以过得很好。总之，现代文明并不是人类生存的核心要素。

纵观历史，虚无主义之所以在20世纪初的德国盛行，原因就在于当时整个德国充斥着对第一次世界大战后世界秩序的不满。20世纪的欧洲盛行着两大浪潮：“民族主义”和“社会主义”，但是在当时的德国，“民族主义”比“社会主义”流行得更早一些。起初，两大思想浪潮基本处于齐头并进的态势，但是德国的战败打破了两大思想浪潮的平衡。战后的德国民生凋敝、工程破产，然而当时德国的所谓自由民主制的政府对这种困难表示无能为力。政府的软弱无能导致大多数人对德国政府极为不满，虚无主义的产生便与德国政府的软弱无能密切相关。既然自由民主的政治体制无法克服当时德国在战败后面临的诸多困境，就会迫使人民群众自己去选择破除困难的方法。当时有两种盛行的道路：“干干脆脆的反动”或“革命”。所谓革命道路，就是要么发动另一次世界大战来破除现有的世界秩序，要么是无产阶级革命。德国的虚无主义者没有选择无产阶级革命。因为他们认为，无产阶级革命所倡导的要实现的每个人的最大幸福，满足每一个人的最大需求，恰恰是人性堕落、恶得到最大释放的世界。他们厌恶的是“不再会有伟大心脏的跳动、不再会有伟大灵魂的呼吸，没有真实的、非隐喻意义上的牺牲，也就是，一个没有血、汗与泪水的世界”[2]。在德国的虚无主义者看来，无产阶级革命实现的共产主义世界所描绘的美丽

[1] 刘小枫主编：《斯特劳斯与古典政治哲学》，张新樟等译，上海三联书店2002年版，第739页。
[2] 刘小枫主编：《斯特劳斯与古典政治哲学》，张新樟等译，上海三联书店2002年版，第739页。

图画太恐怖，没有统治者与被统治者、没有压迫剥削与被压迫剥削，只有社会化的生产与消费的美丽世界太令人可怕。因为德国的虚无主义者根本无法去理解和憧憬，当政府和道德价值体制被摧毁后用什么来填补这种空虚。因此，他们认为必须毁灭世界的一切来阻止共产主义世界的来临。德国虚无主义的产生还与所谓“崇高荣耀的德国思想”分不开。“一方面，崇高荣耀的德国思想反对功利主义，因为功利主义降低了道德的标准，主张利益至上，导致了分裂与平庸。这样一种荣耀尚存的德国思想导致了德国虚无主义的产生。另一方面，德国虚无主义也是德国思想反抗现代性观念、力图寻回古典观念这种理解所导致的结果”[1]。这一思想助长了虚无主义的盛行，此后虚无主义成为20世纪欧洲的一种通病。

## （二）尼采对虚无主义的揭示

真正将虚无主义把握为时代的困境，并进行深入系统的哲学研究的是尼采。虚无主义成为一个被现代哲学广泛关注的词汇，就始于尼采。虚无主义是尼采哲学的一个重要内容，在他不同时期的不同作品里，都可以看到大量关于虚无主义的描述、研究与反思。尼采不仅揭示出虚无主义的本质与产生原因，抽丝拨茧地看到了虚无主义与西方形而上学哲学传统的内在纠葛，也意识到解决虚无主义问题的紧迫性，将虚无主义理解为现代性的重大危机，并积极探索超越虚无主义之路。

尼采是第一个对虚无主义进行系统研究的现代哲学家。什么是虚无主义呢？在他的《权力意志》一书中，尼采将其定义为“最高价值的自行贬黜”[2]。尼采认为，所谓最高价值，从狭义上说，就是中世纪的上帝所提供的“终极信仰”，从广义上说，就是自柏拉图以来的形而上学所设定的那

[1] 刘尚明:《施特劳斯对德国虚无主义的思考》,《广东社会科学》2014年第4期。
[2] 尼采:《权力意志》，陈筱卿译，中央编译出版社2005年版，第121页。

个“终极根据”。一方面，中世纪基督教在西方发挥着主流价值的作用，它不仅仅是一种宗教的信仰，更是普及成了宗教文化，渗透到人们生活的方方面面。它身在无可触及的彼岸，却又如此被大家普遍又虔诚地信仰并爱慕着。上帝成为人类的最高价值标准，人们的一切思想、行为和追求，都以上帝为最高价值准则。世俗的政治、经济、文化等活动，全部置身于基督教的光环之下。另一方面，自柏拉图以来西方所形成的形而上学的哲学传统与思维方式，总是立志于为人类提供某种超感性的终极价值和终极知识，将其作为人类生活的最高价值准则。这个终极价值，同中世纪的上帝一样，是自因自足与完满的。无论是上帝所提供的“终极信仰”，还是形而上学思维方式所给到的“终极根据”，长久以来都在人类的生活中扮演着重要的角色，发挥着重要的作用，被视作“人之为人”的根本，是人在这个世界的“安身立命”之本，是人的生命的最高价值与终极追求，为人类提供了某种确定性与稳定性。

在尼采看来，最高价值的自行贬黜，从眼前与表面看，指的是上帝死后人们丧失了最高的价值依据。现代社会试图将上帝从人们的心里连根拔起，伴随现代性而来的虚无主义就意味着超感性世界彻底丧失了对感性世界的绝对话语权。尼采在 1882 年的《快乐的科学（第三卷）》中，首次提出“上帝死了”：一个疯子大白天点着灯笼，在市场上不停地大声疾呼：上帝在哪里？在不相信上帝的人群中，这样的喊叫引起了一阵阵哄然嘲笑。大家都以为：他失魂了吗！或者如同孩童走错了路。“‘上帝死了’，基督教的上帝不可信了，此乃最近发生的最大事件。这事件开始将其最初的阴影投射在欧洲的大地上”[1]。上帝死了，这在被基督教文明统治千年的西方社会看来无疑是一场精神领域和价值领域的地震：上帝曾经作为西方人最牢固的精神支柱，为人们提供了最安全的精神家园。上帝之死，造成超感性世界——上帝所提供的“终极信仰”，在人们心中陨落。长久以来，

[1] 尼采：《快乐的科学》，黄明嘉译，漓江出版社 2000 年版，第 267 页。

人们心中的那个最高的价值标尺轰然倒塌，人们的道德和活动的价值标准被消解了。上帝所代表的超感官领域的各种规范、道德、法则、价值都失去了本来的普遍性意义。因此现代性危机的虚无主义，在尼采这里就变为人的价值的虚无主义。价值虚无主义，实质是人们丧失了具有普遍同一性的那个终极的价值评判标准，好坏、对错、善恶、是否公平正义等的标准都丧失了那个公约的标准。随着上帝解体之后，价值评判的标准就从超感性的外部世界，回到了属人的世界。虚无主义时代到来之前，人们普遍认为好坏对错有一个共同的标准，而虚无主义则让人们失去了这一评判标准。价值虚无主义，使得人们“再也不知道他想要什么——他再也不相信自己能够知道什么是好的，什么是坏的；什么是对的，什么是错的”[1]。价值体系的评判标准只是听随个人主观任性的意志，以前所谓的具有确定性根据的标准丧失了基础。因而，当人们的灵魂失去了上帝这一依靠之后，人们不仅没有体验到解放和自由的兴奋，反而滑入虚无主义的深渊，深感惶恐和无助，生命赖以寄托的港湾消失了，生命赖以指导自身行为的绝对价值消失了。如此，现实的生命就失去了价值和意义，生活秩序陷入一片混乱，人们便沉沦到上帝死后巨大的虚无主义之中。上帝死后，虚无主义这个所有客人中最不祥的客人置身于门前，“虚无主义时代”已经来临。

在尼采看来，最高价值的自行贬黜，从远处与深处看，标志着自柏拉图以来传统的形而上学思想体系的瓦解。基督教思想体系与传统形而上学有共通性，即都有一个彼岸的世界。虚无主义并非是一个偶然的历史事件，而是一场必然的历史运动。虚无主义的根基就是历史主义，而历史主义的最高表现就是虚无主义，“历史主义的顶峰就是虚无主义”[2]。因此虚无主义就是根植于“历史主义”这一观念并以此为基础发展而来的。尼采认为，虚无主义描述的不仅仅是基督教信仰毁灭后，人类精神中空虚无助的状态，同时虚无主义也是一场西方历史的运动。尼采说：“我谈论的是

[1] 贺照田主编：《西方现代性的曲折与展开》，吉林人民出版社 2002 年版，第 86 页。
[2] 施特劳斯：《自然权利与历史》，彭刚译，生活 · 读书 · 新知三联书店 2003 版，第 19 页。

今后两个世纪的历史。我描述的是即将到来，而且不可能以其他形式到来的事物：虚无主义的降临。”[1] 尼采认为这种历史的虚无主义是形而上学发展的必然结果，虚无主义的形成史就是形而上学的发展史，虚无主义的发展历史就是形而上学不断解体的历史。因此，西方传统形而上学可以称为“形而上学的虚无主义”。自柏拉图以来，西方传统形而上学普遍遵循的就是这样一种思维模式：否定现实世界以及感官的现实性和客观性，而在现实世界之外设定一个抽象的、外在于感官的超验世界，并且认为这个超验的世界才是真实的、客观普遍的。“一方面把实在的生命虚无化；另一方面又把虚构的超感性世界实在化。尼采认为，这正是西方传统形而上学的虚无主义本质”[2]。他们所构筑的“超验世界”只不过是理性的幻象，借助抽象的逻辑推演，把构建起来的幻象当作世界的本质来进行信仰与膜拜。“真实的世界”就带有了虚构的本质，造成西方社会所谓的“终极价值”——上帝最终被杀死。伴随着形而上学体系的发展，虚无主义经历了一个从隐到显的过程，这个过程是缓慢渐进的，也是单向的、毁灭性的。到了现代社会，随着上帝之死的宣布，虚无主义最终登堂入室，来到了人们的面前。失去了外在的价值规范和指引，人类精神面临着虚无主义的困境。价值虚无主义成了现代社会最为典型的特征，也成了现代社会最重大的危机。

## （三）海德格尔对虚无主义的反思

海德格尔接过尼采的问题，即虚无主义与形而上学的关系问题，进行了更深入的研究，进一步将虚无主义理解为是形而上学的本质，认为正是由于形而上学只是执着于追问“存在者”之为“存在者”的根据，而无视

[1] 尼采：《权力意志》，陈筱卿译，中央编译出版社 2005 年版，第 15 页。
[2] 王永阳：《尼采哲学中的虚无主义概念》，《贵州社会科学》2005 年第 3 期。

或遮蔽了“存在”本身，从而导致虚无主义，造成了现代人无家可归的命运。

与尼采不同，海德格尔赋予了虚无主义新的内涵。海德格尔认为：“从存在之命运来思考，虚无主义的虚无(nihil)意味着：根本就没有存在。……它被遗忘了。”[1]从海德格尔的定义可知，虚无主义的本质就在于“存在”本身的虚无性。海德格尔肯定了尼采对虚无主义研究的深刻性，认为尼采把握到了西方形而上学体系的虚无主义本质。但是在海德格尔看来，尼采并没有完成他所承诺的对虚无主义的克服，也不可能像其想象的那样彻底清算西方形而上学。尼采否定了以往的超验的终极价值，并建立了一个新的价值——强力意志。在海德格尔看来，尼采的问题在于，他仍然置身于价值的领域来谈论虚无主义，而忽视了价值领域背后一个更为根本的领域——存在领域。

海德格尔认为尼采是从西方形而上学历史发展的固有轨迹出发来展开对形而上学本身的思考，但是其在形而上学的框架中思考强力意志和价值观的时候却忘记了西方形而上学的核心概念——存在。形而上学把存在当作存在者本身来进行思考和言说，而对于存在本身，传统形而上学并没有给予思考。海德格尔解读尼采，实际上就是在解读整个形而上学的历史。他批判尼采的强力意志的超人学说，实际上就是为了阐发自己的“存在论”观点。

尼采虽然看到了虚无主义与形而上学的内在纠葛，却并没有进一步去探寻形而上学产生的现实基础，因此无法真正完成克服虚无主义的历史任务。既然无法触及“存在”，尼采就没能超越传统的形而上学的思维方式。通过海德格尔对尼采的批判，我们发现，海德格尔是从他的“存在论”观点出发批判尼采的“价值哲学”。海德格尔认为，尼采以权力意志为批判武器发起对虚无主义的斗争仍然是一种形而上学，并且还是极端意义上的价值形而上学。因为“权力意志”所构成的那一套关于真理的形而上学，

---

[1] 海德格尔：《海德格尔选集（下卷）》，孙周兴译，上海三联书店1996年版，第816页。

是关于价值的形而上学。权力意志本质上就是设定价值和评价价值的一套价值形而上学。

因此，海德格尔认为，形而上学之为形而上学，其本身乃是虚无主义。“本真的虚无主义的基础既不是强力意志的形而上学，也不是意志形而上学，而是唯一的形而上学本身。形而上学作为形而上学乃是本真的虚无主义”[1]。形而上学的本质导致了虚无主义的发生,形而上学拒绝针对存在本身的思考，而误把存在当作存在者本身进行思考。虚无主义就是对存在的遗忘，而对虚无主义的克服也就是针对传统形而上学弊病的批判。批判了传统形而上学，存在本身的意义也便得以澄明。

基于西方传统形而上学关于存在与存在者的混淆，海德格尔认为存在与存在者完全是两码事。存在者是具体的某物，而存在本身恰恰相反，其不是某种具体的东西，而超越了具体的形象，超越了具体的存在物。针对具体的存在物，人们可以追问：存在者是什么？因为存在者具有具体的形象和规定性。但是存在本身是什么，人们无法追问。因为存在不具有具体的形象和规定性。人们对存在的追问只能是“如何是”？海德格尔认为，自柏拉图以来的形而上学“遮蔽”了“存在”与“存在者”的差异。整个西方形而上学因为柏拉图的误导，把“存在”等同于“存在者”，这很明显是错误的。因此，人们追溯西方哲学的起源，不能只追溯到柏拉图，而是要更进一步去探寻他的老师苏格拉底。因为在苏格拉底那里，“逻各斯还没有退化为逻辑，思想的现象学存在论的严格性还没有被判断的严格性所冒充。最重要的是，‘在’本身的本源揭示力还没有被压瘪为一个最普遍又是最空洞的概念”[2]。西方传统形而上学在苏格拉底那里还没有把追问的方式固化为“是什么”，存在本身还没有被“遮蔽”。但是自柏拉图开始，存在本身被遮蔽和遗忘了。

柏拉图认为存在即“理念”，他划分了两个世界：现实世界和理念世

[1]　海德格尔：《尼采（下卷）》，孙周兴译，商务印书馆 2010 年版，第 1036 页。

[2]　海德格尔：《形而上学导论》，熊伟等译，商务印书馆 1996 年版，第 19 页。

界。在他看来，现实世界处于流变不拘中，运动变化的现实世界中的诸多存在物都不能称为“存在”，因为变化的本性使得现实世界不具有永恒持久性，当然也就不具有普遍有效性。而真正存在着的只能是“理念世界”中的存在，这种存在是一种在场的状态，是一种进入无蔽域之中的在场状态。“作为进入无蔽域之中的在场状态，存在乃是相，即可见状态。因为存在是进入无蔽域之中的持存者的在场状态，所以柏拉图把存在、存在状态解释为相或者理念”[1]。“相”或者“理念”是指对特殊的个体而言的普遍的共性。特殊之物之所以能够暂时存在就是因为它暂时分有了“理念”。“相”赋予了特殊之物的存在，“相”本身就是存在者。在这里存在与存在者合流，存在就是存在者。同时，存在就是“相”，“相”在柏拉图那里是先天的。先天的“相”之所以能够对于存在之物有着支配作用，就在于他超越于存在物之外。存在即价值，这种先天性在形而上学中的进一步发展，就是形而上学的对象——价值也是先天的、超验的。我们便可以发现价值先天性的根源，也能发现这种先天性最终会被人们所厌恶的根源，存在者与存在的混淆最终会导致虚无主义的产生。

虚无主义就是“存在”被遗忘、被遮蔽。传统形而上学把“存在”解释为价值，海德格尔同意尼采将虚无主义定义为最高价值的自行贬黜，在他看来，这就意味着“虚无主义是一个过程，是最高价值贬黜、丧失价值的过程”[2]。海德格尔认为“虚无主义构成了西方历史的本质”。在这一点上，海德格尔肯定了尼采。形而上学的发展历史就是“存在”被遗忘的历史。自从柏拉图以来把存在本身与存在者相混淆，首先从词源上可以寻找到轨迹。然而，海德格尔进一步将虚无主义理解为：对存在的遗忘。虚无主义最根本问题不是“价值”或者价值的贬黜，而在于对“存在的遗忘”。因此，人们追问虚无主义之本质的出发点和立足点就只能是“存在”，而不再是尼采所谓的“价值”。当人们以对“存在的遗忘”作为出发点来重

[1] 海德格尔：《尼采（下卷）》，孙周兴译，商务印书馆 2010 年版，第 906 页。
[2] 海德格尔：《尼采（下卷）》，孙周兴译，商务印书馆 2010 年版，第 683 页。

新思考虚无主义，虚无主义就不再是尼采意义上的“超感性世界的不在场”，而变为“存在的不在场”了，即“根本就没有存在”，或“存在本身就是虚无”。

只要从“最高价值的自行贬黜”的角度来理解虚无主义，把权力意志理解为“重估一切价值”的原则去重新设定所谓新的价值体系，那么在尼采那里“权力意志”就会被当作一种对“虚无主义”的有效克服。然而，虚无主义的本质非“最高价值的自行贬黜”，而是对“存在的遗忘”。尼采试图通过重估一切价值的权力意志来肯定“存在”和价值的做法注定不能克服虚无主义。经由权力意志出发而设定的所谓“重估一切价值”不仅仅否定了超感性世界的存在者——上帝，而且也否定了存在自身，在尼采那里存在与价值相等同，存在只是权力意志的设定，等同于存在者和价值，从而导致存在本身的意义被遮蔽。尼采的价值哲学所表达出来的形而上学与以往的形而上学本质是一样的：都是把存在等同于存在者。因此，尼采所谓的价值克服虚无主义的做法只会导致新的虚无主义。当“权力意志”的发出者——“主体的人”——变成超人的时候，无限膨胀的主体没有了外在的约束，势必会造成新的虚无主义。

# 第二章

# 西方现代哲学家对价值虚无主义的批判

## 一、西方现代哲学家克服虚无主义的努力

站在西方现代哲学的前沿，尼采和海德格尔都把握到了价值虚无主义的脉搏，将其认定为现代性的一个重大问题，并自觉地将解决这一问题当作自己哲学的一个重要内容，努力去克服价值虚无主义。尼采主张凭借来自生命力量的“权力意志”去建构一套全新的价值体系与规范。在他看来，这样做一方面解决了上帝死后旧价值体系瓦解、人们失去依托的困境；另一方面解构了西方形而上学式的思维方式，打破了人们总是习惯于从超验世界寻求“终极存在”与“终极价值”，并用这种超验的存在与价值来否定人的存在与价值。在这个意义上，尼采试图完成哲学的两重革命：一重是价值领域的革命，用“人”的价值取代以“上帝”为代表的超验价值；一重是思维领域的革命，要求打破西方哲学史形而上学传统。

海德格尔认为尼采把握到了价值虚无主义的关键，即背后的“形而上学”在施威作法，并且他试图去扬弃形而上学。但是，尼采并没有完成自己的哲学使命，既没有实现人类价值的重建，又没有完成对形而上学的超越。原因在于，作为尼采建构新价值体系和超越形而上学的那个基本原则，“权力意志”本身依然属于形而上学的话语权，依然执着于要为生命提供“价值”“规范”，其本质依然是一种形而上学。海德格尔将其称作“权力意志的形而上学”，并指出这种形而上学将虚无主义进一步推进到极致。海德格尔认为，虚无主义的本质就是形而上学。形而上学的思维方式，决定了它一直关注“存在者”而忽视了“存在”，从而造成了“存在”的被遮蔽与被遗忘，而虚无主义就是“存在的被遗忘”。在对包括尼采哲

学内在的整个形而上学历史谱系的研究和对形而上学思维本性的反思的基础上，海德格尔找到了一条超越价值虚无主义和形而上学的新路径，即“存在的澄明”，让“存在”从“被遮蔽”的状态，恢复为原本的“无蔽”状态。

### （一）尼采：权力意志的超人学说

尼采认为，价值虚无主义意味着最高价值的丧失。这就要求我们需要在评估旧的价值体系的基础上，重新去建构新的价值体系。而正是在对旧的价值体系的评估中，尼采把握到了隐藏在旧价值体系背后的形而上学，正是自柏拉图以来的西方形而上学方式，决定了人类价值虚无主义的命运。在他看来，作为形而上学的哲学为我们所提供的价值都是一种“终极价值”，表现为：以上帝为代表的超验存在成为价值的主体，而人却沦落为价值的执行者与服从者。于是导致了这一结果：上帝有价值，而人没有价值。在此基础上，尼采主张建立一种新的价值体系与价值信念，一种不再是来自超验的力量，而是来自人的生命力的权力意志的价值体系。这样，价值就有了现实的根，就完成了从“神的价值”向“人的价值”的转变，人类的价值虚无主义问题也就迎刃而解。

尼采认为这一切都需要一个基本的原则，即“权力意志”，尼采将权力意志被作为评价一切价值的新标准，以此来彰显人的生命意义与价值。尼采受叔本华影响，将权力意志看作一种生命的意志。在尼采看来，生命的价值标准，只能来自生命自身，即自由独立的生命个体的生命力。叔本华思想的核心是“世界是作为意志和表象的世界”，意志的客体化就是世界。因而，他认为意志是世界的本质。那么意志究竟是什么？叔本华认为意志是一种发自生命的盲目冲动，它对外界有着不可遏制的无限欲望。而欲望的本质就是生命，表现就是生存和繁衍。因此，“意志”又被叔本华称为“生命意志”。但是叔本华对“生命意志”持一种消极态度。他认为生命意志是痛苦的源泉，生命意志越是强烈，人类的痛苦就会越大。人们追求生命意志所产生的欲望就会造成痛苦——追求欲望的过程就是痛苦的过程。然而人的欲望是无穷的，永远不会被满足。当一个欲求得到满足之后，新的欲求又会马上产生。生命不息，欲求不止；欲求不止，则痛苦不止。在叔本华看来，每一次追逐欲求而获得的满足都只是暂时的，欲望让人永远无法满足。当一个人感觉到自己的欲求被完全满足之后，感觉到的只是空虚、寂寞、孤独、痛苦，而生命的过程就是一个追求欲求而又不断消亡的过程，人的一生就在追求欲望、满足欲望、又有新的欲望的过程中逐渐走到尽头。当一个人的欲望得到暂时的满足后，社会对这个人的追求的过程与结果予以肯定和表扬，这愈发刺激了人追求欲望的满足。但是当欲望被满足后，人所面临的只是更大的痛苦。因此痛苦与悲观就是人生的写照。

在叔本华看来，既然意志是痛苦的根源，那么摆脱痛苦的唯一方式就是否定生命意志。进而叔本华提出要抑制人的生命欲望，他的这一思想的进一步发挥，就是禁欲主义。尼采批判地继承了叔本华的生命意志思想。在尼采看来，叔本华那种认为生命仅仅只是追求欲望的观点是对生命本身意义和价值的否定。尼采认为生命之为生命，就在于生命有意志，但是生命意志的目的并不仅仅是满足生存欲望的意志，而是要实现生命的自我保存、自我完善、自我发展和自我创造，这就是尼采著名的“权力意志”。

“权力意志”也译作“强力意志”（der Wile zur Macht），直译为“追求强大力量的意志”。之所以把“Macht”既译为权力，又译为强力，是因为在这里权力不是指权势、政治力量等权力，而是指具有强大力量的权力。尼采认为权力意志是一种生命之力，一种生命自我积累、自我保持、自我改善、自我扩张与自我超越的能力。假如生命仅仅满足于求生存，那么这是生命力匮乏的表现。从“权力意志”的定义，我们可以看出：在对生命之为生命的理解上，尼采继承并且超越了叔本华。尼采认为，生命的过程不仅仅是为了满足生存的诸欲求的过程，而是一个不断自我扩张和强化的过程。尼采赋予“权力意志”两种重要意义：第一，生命的扩张性，生命一直在成长、累积、扩张、延续和释放本能——生命的本质就在于其首要目的是释放自己的本能。第二，权力意志对生命的支配作用，意志就是支配。意志作为生命本身的强力，意味着一种必然的命令与控制。权力意志作为生命的本质目的，就是释放生命本能和提升生命等级。

尼采主张要以权力意志为基本原则来“重估一切价值”。这里的“一切”既包括历史的维度，也包括现实的维度。历史维度是指，尼采对从古希腊柏拉图以来到他所处时代的西方主流思想价值体系表达了不满。前文已经提及他对西方形而上学持有的一种批判与反思的态度，此处不再详述。所谓现实的维度是指，尼采对他当时所存在的一切价值体系的现状表示不满。在尼采看来，无论是历史还是现实中的一切价值体系都最终导致了虚无主义，当下的价值体系根本就没有普遍统一、客观有效的标准。因而无论是历史的维度，还是现实的维度，尼采对“一切”表示不满。这“一切”主要表现为以下几个方面：

（1）道德方面。尼采认为西方自古希腊以来至今所盛行的道德体系不是扩张人的生命，相反，传统的道德体系是在遏制生命之为生命的本能，阻碍生命的健康发展。以理性主义传统建立起来的价值体系超越于人的现实生活而进入超验领域。上帝所制定的道德法则作为绝对的价值，在上帝已死的今天必然不能够为人们的行为方式提供有效的道德指导机制和评判标准。所谓的道德体系不仅不能为人的行为提供道德支持，还充斥着通篇的谎言，“我们的道德同我们的恶毒与自私一样，是建立在谎言与想象的基础上的”[1]。这些谎言很明显只会阻碍生命本能的释放，而不能保障生命的自由。

（2）宗教方面。几千年的宗教信仰传统已经深入人心，宗教的痕迹遍布西方社会的每一个角落。宗教对于西方人来说不仅仅是一种信仰，更是

[1] 雅斯贝尔斯：《尼采其人其说》，鲁路译，社会科学文献出版社 2001 年版，第 155 页。

一种安身立命之本，是心灵得以停泊的港湾。然而正是宗教信仰的传统使得西方人把人生的主导权交给了外在于自身的上帝，把自己的命运和未来都寄托给了一个虚无缥缈的超验对象。这是尼采不能忍受的，他认为正是宗教信仰的传统使得人们产生了“奴隶”意识，不思拼搏、不思进取、安于现状。传统宗教腐蚀了生命的扩张本能，压制了生命自身的本性。

（3）科学方面。尼采对科学的批判是对整个人类知识体系的批判，因为尼采认为“科学”即整个人类知识体系的所有知识。知识是理性活动的结果，追求知识是所有的理性存在者之所以被称为理性存在者的前提，这种对知识的追求无关于功利，无关于世俗，只是单纯对真理的渴望。尼采对这样的理性主义的知识观提出了严厉的批判。他认为这种追求真理的态度会扼杀生命的本性。因为传统的理性主义知识论认为真理在人自身之外，人要获得真理必须从自身之外寻求。尼采的观点是身体才是最本质的，所谓理性的世界只是超验的幻象，因而真理也不能作为最高的价值标准和精神被人们所追求。真理本身并不能确认价值的意义，价值的意义只能由生命赋予，只有彰显了生命本性的价值才是有意义的。因而生命高于真理，人们只能从生命本性的角度去探求真理，而不是用真理去压制生命。人们对真理的追求只是出于生命的本能，而不是用追求的真理去阻碍生命本性的发展。

从批判道德、宗教和科学三个方面的价值体系出发，即从“一切”出发重估价值，来实现生命之为生命的本来价值和意义，尼采认为价值的标准是生命。他以积极的、促进生命健康向上的价值观超越了叔本华消极的、阻碍生命健康发展的思想。由权力意志所构成的生命不再是局限于自然的生命，即不仅动物、植物、微生物等自然生命属于生命，物理学、力学和机械运动，化学中的化学反应等等世界中一切与能量相关的东西都被尼采认为是权力意志的外在表现，而在人类社会中所谓政治权力、军事权力、经济权力等诸多权力也算作是权力意志的表现。因此，在尼采看来，存在于世界中的一切物体以及物体的运动都是权力意志的表现。权力意志是一切物体运动的力量之源。一切运动变化发展都是权力意志的外在表现，因而权力意志才是生命的本质。

尼采认为，人们之所以要重估一切价值，除了传统价值体系的崩溃之外，还有另外一个重要原因，即人们处于“永恒轮回”之中。因为“永恒轮回思想”会使人们重新去思索人生的态度，即对于同样萎靡消极的事件自己是否愿意在千百次轮回中一直经历？自己是否愿意在消极的人生观中度过千百次轮回？通过这种对永恒轮回思想的反思，人们开始反思自己的人生态度，人们必然会选择那种积极向上的、自我创造的人生观以实现自己生命的本能。永恒轮回思想已经超出了传统的轮回思想，它不再是一种轮回学说，而成为一种人生的态度。永恒轮回思想让人们去思考应该思考的，而且只能如此思考：去思考什么是应该做的，而且只能够这么去做。通过“永恒轮回思想”，使得人们意识到只有履行有价值的、自由的、强大的行为才能实现自己生命的意义。这样，传统的轮回学说被克服，传统的宗教思想和传统的形而上学思想也被克服，虚无主义和传统的价值观也便失去存在的沃土。只要坚持永恒轮回思想，人们就有了克服虚无主义的勇气，克服传统基督教思想中的消极思想，克服以往那种自我否定、消极萎靡的人生态度，重估一切价值。

而重估一切价值的精神实质，在尼采那里就是“酒神精神”。酒神精神贯穿于尼采的整个思想体系。传说酒神狄奥尼索斯 (Dionysus)，是宙斯之子，在母亲腹中的时候就遭遇到雷击，后来被宙斯从热锅中救出，受山林女神哺育。狄奥尼索斯在成年之后，就四处传播酿酒技术，人们为感谢他赐予人间美酒而举行酒神仪式。原始的酒神代表癫狂放纵，尼采认为酒神精神能够使人获得自由，在酒神节的时候，人与人之间完全放开，没有阶级与地位的差别，即使是奴隶也是自由的，与自然、与他人、与世界融为一体。酒神节上的狂欢会使得人们完全投入生命的本真状态，去感受生命的力量，去感受本真的自我。

尼采在提及酒神精神的时候还提及另外一种精神，即与之相对的日神精神。日神是光明之神，代表理性，然而尼采并不认为信奉日神精神的人就是理性的、清醒的。在尼采看来，日神状态只是人们自我编织的一个梦境，外观美丽，充满智慧与幸福。但是实际上日神美丽的外表下潜藏的是痛苦和悲观。无论日神精神被幻想得多么完美，但是当被揭穿其虚无主义本质的时候，人们就会感受到虚无与痛苦迎面扑来。因而人们要想直面世界的本质，就必须抛弃表面理性、冷静、智慧的外壳进入迷狂、放纵的世界。这就是酒神精神。“酒神状态的迷狂，它对日常界限和规则的毁坏，其间，包含着一种恍惚的成分，个人过去所经历的一切都淹没在其中了”[1]。只有打破了表面看来理性智慧的秩序，才能直面真实不虚的本真。《查拉图斯特拉如是说》中的主人公查拉图斯特拉运用类似于超人的权力意志抗争现实的秩序与阻碍，以强有力的生命本能和强大的意志迸发出生命之为生命最美的一面。尼采认为这就是酒神精神的典型代表。酒神精神是对传统价值体系的有力抗争，宣扬的自由意志和本真生命力强力反驳了基督教的传统价值和传统形而上学的消极思想。酒神精神倡导在面对苦难时所要拥有的坚韧乐观的精神和积极向上的人生态度，是对消极悲观主义的有力否定。

在尼采看来，拥有酒神精神的人，才能够重估一切价值，这个人就是超人。“超人”在尼采那里是一种理想的人格，与现存的所有人都不同，尼采认为人类历史中未曾有过超人，包括查拉图斯特拉也不是。超人是勇于进行自我创造、自我超越以及重估一切价值的人，莽夫、暴君以及统治别人的人并不是超人，甚至上帝也不是超人。尼采提出超人的理论，并不是要宣扬一种新的宗教，而只是表达他对人类未来的一种愿景。尼采认为，超人有三个表现特征：传染性、破坏性以及创造性。

首先，超人是最疯狂的传染者。尼采哲学在这一点上和超人的传染性表现相似，尼采哲学迅速地传播到整个世界，以振聋发聩的态势使得世人

[1]　尼采：《偶像的黄昏》，周国平译，光明日报出版社 1996 年版，第 33 页。

仿佛从两千年来的迷梦中惊醒，重新去审视这让人窒息的世界；而超人的传染性会使人们重新审视自己以前的价值理念，重新审视自己生命的本性，进而开始重视自己生命的本能。其次，超人是对现实价值秩序的破坏者。超人就是要打破旧时代所谓的超验上帝与普遍的道德价值准则，“重估一切价值”。传统形而上学以及基督教的教义教规都受到超人的摧毁性打击，传统价值的虚伪性和欺诈性被世人所知。当然破坏并不是最终目的，不破则不立，破坏的最终目的是要建立一个全新的价值体系，一个以权力意志为准则的价值体系。最后，超人是新的价值体系的创造者。“重估一切价值”，超人的最终目的就是要摆脱传统价值体系的束缚，创造一个全新的价值体系。创造性是超人最重要的特征，是生命最本质的东西。传染性和破坏性的最终目的是为超人的创造性服务，要创造一个全新的价值体系，要让人们认识到自己生命的本能，要让人们尊重生命本身，而不是屈从于生命之外的神或真理。

尼采认为超人不需要有道德的束缚，不需要尊重道德。所谓“道德”，不过是软弱的人的道德，是“奴隶道德”。超人之所以可以重估一切价值，建立全新的价值体系，能够自我积累、自我完善、自我创造、自我扩展，首先是因为它打破了传统道德观的枷锁。传统形而上学的道德价值观包括基督教的价值观在内都是束缚人、限制人的生命本能的价值观。传统形而上学走向虚无主义是一种必然的结果，而要打破传统形而上学的价值观，要克服虚无主义的弊病，就必须挣脱传统道德观的束缚。不能一味地服从传统的道德律令，屈从于命运的安排，不思进取、麻木不仁，这是一种奴隶道德。

奉行奴隶道德的人没有什么远大的理想，也根本不会想着怎么释放自己的生命力。生命的创造性和扩张性在奴隶的身上是无法看到的，他们缺乏生命的激情和积极向上的斗志，只会一味地服从、萎靡、埋怨、消极、求小利而忘大志、怜弱小而恨强大。遵循奴隶道德的人把怜悯、仁慈、同情等作为美德进行赞扬，把强者和生命力强大的人视为敌人，并且嫉妒强者，试图用普遍的道德来束缚强者。在尼采看来，基督教所坚持的价值体系，无疑是奴隶道德的典范。基督徒无条件地屈从于上帝的权威，听从神的谕旨，遵从普遍的教义和道德规范。上帝成为他们的心灵寄托，天国成为他们整日向往的彼岸。这种价值观却使得基督徒死气沉沉，毫无创造力和生命力，生命的本能在基督教的教义面前黯然失色。

弱者因为各种原因无法战胜强者，于是制定出“道德”来约束强者的发展。超人不是弱者，也不会同情弱者。尼采认为弱者制定的道德恰恰约束了人们成为超人，弱者应该被清理出历史的舞台。因为弱者不敢自我创造，害怕失败，这都是阻碍社会历史发展的原因。所谓“彼岸世界”，实际上是弱者为了自我安慰而虚构的世界。尼采所处的时代已经证明这些虚构的价值体系是虚假的，人们因为虚假的价值秩序而陷入无限的虚无之中，进而因为虚假的价值，人们意志崩溃，生命的本能受到抑制。

尼采认为应该挣脱这种传统道德的束缚，摆脱压抑人的生命的奴隶道德，而建立起主人道德。所谓“主人道德”，是指不受传统道德的束缚，遵从自己的生命本能和创造力，以自己的意志来建立新的价值体系。这种人是高贵的，他们是自己的主人，是上等人，是贵族。他们不会因循守旧、人云亦云。他们敢于离经叛道，发挥生命中最高贵的本能和创造力。生命在遵循主人道德的人的身上是伟大的，是值得肯定和赞扬的。尼采认为正是人们有了主人道德，这个世界才有了希望，虚无主义的枷锁才会被最终打破。超人就是要彰显生命的本能，要树立起意志的威信。

超人就是在权力意志的指导下进行一切行为的人。在权力意志的影响下，超人不断地自我完善、自我积累、自我创造、自我扩张，打破传统的价值体系，释放生命的本能。权力意志使超人积极、向上、健康。权力意志与主人的道德相互配合、相互扶持，共同为重新估量一切价值而努力，新的价值秩序最终得以建立。建立主人道德的超人必然就打破了传统的价值体系，超越了传统的善恶观念。传统价值体系中的至善即上帝，在超人那里，上帝被杀死，以至于以善为统摄的传统“善—恶”体系也便宣告瓦解，在这个意义上超人超越了传统的善恶观和价值体系。

而超人超越传统价值体系建立新的价值的根本目的即实现自我的自由。传统的价值体系扼杀人的自由，因为人类本身并没有超验的本质，所以人们依据自己的意志设定的超验的价值体系并不能保障人们享有超验的自由。尼采一直在强调意志的创造作用，意志创造了整个世界。既然整个世界是意志所创造的，那么意志就可以把整个世界看作自己的意志体现，在这个意义上，人必然是自由的。

### （二）海德格尔：存在的澄明

尼采的虚无主义思想引起了海德格尔的关注。尼采立足于价值论的立场，试图以权力意志为准绳“重估一切价值”，用一种新的价值体系取代旧有的价值体系。海德格尔肯定了尼采对价值虚无主义的研究成果，但是对于尼采克服虚无主义的道路持有质疑：价值的思想来自何处呢？尼采所谓的“重估一切价值”的重估者又是何许人呢？尼采的回答是：“价值”来自主体的人的意志。“但是，如果人所归属的世界本身并不具有某种价值、某种意义和目的、某种统一性和真理性，如果人并不隶属于某个‘理想’，那么，他如何能为自己谋得一种价值呢？”[1] 假如价值的产生来自人的主观意志，而人又从属于这个世界之中，是世界的一个组成部分，那么以世界的“存在”为前提的人何以能够成为价值的制定者？何以能够“重估一切价值”？“存在”的意义也就变得毫无意义。同样，假如人不隶属于这个世界，人孤立于世界之外，那么人对世界所作的价值判断更加毫无意义。

尼采之所以出现上述的“悖论”，是因为“存在”在尼采那里等同于

---

[1] 海德格尔：《尼采（下卷）》，孙周兴译，商务印书馆 2010 年版，第 735 页。

“价值”，在尼采看来，价值的制定者或者说“存在者”是人。“存在”变成了一种被人定制或者控制的东西。人能够制定价值，价值又要以世界的存在为前提，但是世界的存在并不是以价值为前提的。存在的真理成为人制定的信念，因此，“人虽然设定价值，但是存在本身却并不能等于人的事情。虚无主义的本质根本就不是人的事情，而倒是存在本身的事情”[1]。海德格尔认为，尼采坚持的是一种“人类中心主义”的立场。尼采虽然否定了传统的价值体系，但是又肯定了重估一切价值后建立的新价值的主体来自人；尼采虽然否定了超验的彼岸世界的存在，但是又肯定了感性世界中的人的存在。人成为感性世界中权力意志的发出者。在尼采那里，存在者的人享有了优先性，是权力意志的载体，而存在被降为从属地位，即存在成为存在者制定的价值，存在成为存在者所设定的条件，存在被存在者打上价值的印记。海德格尔认为：“如果存在者之存在被打上价值的印记，并借此就确定了它的本质，那么，在这一形而上学范围内，也即始终在这个时代的存在者本身的真理的范围内，任何一条达到存在本身之经验的道路就都被抹去了。”[2] 很明显这是继承了柏拉图以来的形而上学传统。海德格尔认为价值的问题其实质是存在的问题，因而虚无主义也应该是存在的问题，而不仅仅是价值问题。在他看来，造成虚无主义的根本原因，是人们执着于对存在者的追问，而遗忘与遮蔽了存在自身。

海德格尔称尼采的价值救赎之路为“权力意志的形而上学”，他认为，尼采的权力意志，是尼采为存在者整体设定的总体特征。作为一种本质规定，尼采的权力意志仍然属于形而上学的范畴。这里，尼采混淆了作为存在者的人与存在的区别。“作为单纯的反动，尼采的哲学必然如同所有的‘反……’(Anti-) 一样，还拘执于它所反对的东西的本质之中。作为对形而上学的单纯颠倒，尼采对于而上学的反动绝望地陷入形而上学中了，而

---

[1] 刘贵祥：《尼采与海德格尔对虚无主义理解的差异》，《深圳大学学报（人文社会科学版）》2012年第2期。

[2] 海德格尔：《林中路》，孙周兴译，上海译文出版社1997年版，第263页。

且情形是，这种形而上学实际上并没有自绝于它的本质，并且作为形而上学,它从来就不能思考自己的本质”[1]。海德格尔认为尼采误将存在当作某种存在者，将反对的主体与被反对的对象看作是一个东西。这种做法导致了对存在的遗忘。“进而言之，造成这种对存在的遗忘的根本原因在于，形而上学将人关于存在的观念或表象（如理念、上帝或本体）遮蔽甚至取代了存在自身”[2]。在尼采那里，存在被降为从属地位，存在者就是权力意志的拥有者。这样一来，每一次对价值的重估，都是存在者在活动，而存在的意义变得不再重要。尼采意图克服虚无主义，试图重估一切价值，而克服传统虚无主义的弊病。但是尼采在对虚无主义克服的过程中忘记了存在本身的意义。“尼采在形而上学框架内设定了强力意志为最高价值，但却忘记了存在本身”[3]。在传统形而上学的视域中,价值并不是单独存在的，“价值思想并不是偶然地获得优先地位的。在价值的概念里潜伏着一个存在概念，后者包含着一种对存在者整体本身的解释。这就是海德格尔的‘存在视域’，以海德格尔的存在视域观尼采的价值之思”[4]。

海德格尔认为：“如果就存在本身来看，那种按照价值来思考一切的思想就是虚无主义了，那么，就连尼采对虚无主义的经验——即认为虚无主义就是最高价值的废黜——也是一种虚无主义的经验了。”[5] 尼采意图通过权力意志来克服虚无主义，但是权力意志的支撑者和发出者本身是空洞的。因此，尼采在克服虚无主义的同时，却又陷入了虚无主义，尼采哲学本身也陷入了一种虚无主义。

海德格尔肯定了尼采对现代人类生存现状的把握，即肯定他抓住了现

---

[1] 海德格尔：《林中路》，孙周兴译，上海译文出版社 1997 年版，第 224 页。

[2] 吴增定：《尼采与“存在”问题——从海德格尔对尼采哲学的解读谈起》，《云南大学学报（社会科学版）》2010 年第 4 期。

[3] 刘贵祥：《尼采与海德格尔对虚无主义理解的差异》，《深圳大学学报（人文社会科学版）》2012 年第 2 期。

[4] 刘贵祥：《尼采与海德格尔对虚无主义理解的差异》，《深圳大学学报（人文社会科学版）》2012 年第 2 期。

[5] 海德格尔：《海德格尔选集（下卷）》，孙周兴译，上海三联书店 1996 年版，第 812 页。

代性的最根本特征——虚无主义，认同他对虚无主义所作的深刻研究，但是海德格尔并不认同尼采的救赎路径。在他看来，尼采仅仅停留在价值领域研究虚无主义，尼采哲学并不是传统意义上的那种道德价值学说。海德格尔指出，尼采通过“重估一切价值”而建立的新的价值体系实际上已经蕴含着“存在”的产生。尼采新的价值体系要求人们勇敢地去探索、去创造、去扩展自己的生命本能，但尼采的整个价值学说都是建立在“权力意志”基础之上的，用权力意志来无限地论证生命存在的意义，但是这种无限本身就导致了形而上学。海德格尔指出，人类要想真正克服虚无主义的命运，摆脱无家可归的状态，就不能继续停留在认识领域，而应该转向存在领域。在现代社会，无家可归的状态之所以变成了“世界的命运”，就在于人们对“存在”的遗忘。

海德格尔认为，只有通过“存在的澄明”，才可以真正克服虚无主义，在他看来，人类不应该因为最高价值的自行贬黜而感到失落，而是应该把它当作解放来欢迎。虚无主义意味着“存在者的一切的以往的目标都已经失效了”[1],但是虚无主义也意味着人类可以实现全新的价值设定。海德格尔认为，尼采仍停留在形而上学的视域内，虽然他体会到了人类无家可归的痛苦，但却无法找到摆脱这种痛苦状态真正的出路。因此，尼采的权力意志仍然是形而上学的延续。“存在”在海德格尔那里有“无蔽”之意，指的是存在者的“无蔽”状态。尼采将权力意志的发出者和价值的制定者当作一切存在者之为存在的根据，也就是当作“存在”的根据，将存在与存在者混淆了。这一点符合西方传统形而上学的流俗，即把存在作为存在者的根据，存在被“遮蔽”。而存在的被“遮蔽”状态使得人们认为存在即为支撑现象的本质，从而忽视了现象。然而“现象学的现象‘背后’，本质上就没有什么别的东西，但应成为现象的东西仍可能隐藏不露”[2]。

---

[1]　海德格尔：《林中路》，孙周兴译，上海译文出版社 1997 年版，第 672 页。

[2]　海德格尔：《存在与时间》，陈嘉映等译，生活・读书・新知三联书店 2006 年版，第 42 页。

在海德格尔看来，要克服存在被“遮蔽”的唯一途径就是“解蔽”，即重新思索存在之为存在，存在本身的本真意义。因此，以前与存在者相关联的所谓真理、意义、价值等，必须对其重新进行解读，即要界定这几个概念与存在的关系，而不是停留在它们和存在者的关联。要做到这一点，必须要追问存在“如何是”。

海德格尔区分了存在的两种形式：名词形式和动词形式。名词形式的存在，德语为“Er-eiginis”，名词性的存在描述了存在之为存在的一种“在先”的状态，即存在在理性之先，也在存在者之先。动词性的存在即“存在”显明自己之为存在的状态，存在自我明证自己的存在状态。这是一种自我的阐明与释放，通过这一途径，存在的本真得到“解蔽”。

无论是名词形式还是动词形式都表明了存在的先在性，“存在”在存在者之先。因而，存在之为存在不再依赖存在者，也就不再依赖于“人”。传统形而上学把人的本质看作是理性存在者，认为人的本质即理性的诸规定。尼采认为传统形而上学的这种做法陷入了虚无主义，因为无限性的理性会导致价值的绝对与虚无。尼采反对把“人”定义为理性存在者，提出了“超人”这一概念。尼采认为，应该发挥人的“感性”的一面，或者说是动物性的一面，而要求否定人的“理性”，因为“理性”否定了人之为人的本性。尼采认为，正是把理性与人的本质相混淆，才导致了虚无主义的产生。海德格尔认为，尼采做得远远不够，因为尼采并没有真正理解人的本质。尼采误认为人的本质是人的动物性，表明他依旧没有区分存在者与存在的区别。人的本质应该是“存在”的“无蔽”状态，而非某种存在者。存在的无蔽状态即存在的澄明，也就是人的本质应该是人之为人的生存本性。

为了进一步揭示人的本质，海德格尔区分了三种人：抽象的人、具体的人以及作为“存在居所”的人。抽象的人是作为“主体”被思考的人，即人是主体，一切外在于人的他物都是客体，存在的状态就是指主体作为对象被表象的状态，是主体表象自身的状态。人作为抽象的主体可以思考一切客体，这是一种理性的僭越。基于古希腊的传统思维方式，具体的人则指“当下具体的人”，古希腊思想中的“人是万物的尺度”是这一思想的起源。海德格尔认为，每一个人都被有节制的限制，而限制的界限就是无蔽者领域和遮蔽者领域的边界。“存在者之为存在者必须由作为主体的自身设置的自来决定，这个主体乃是一切存在者及其存在的大法官”[1]。作为“存在居所”的人是对前两种人的扬弃。一方面，作为“存在居所”的人并不是“主体”，并不是比其他存在者更高的存在。作为“存在居所”的人与存在相关联，因为其基于存在者之为存在的出发点去解释存在。另一方面，人与存在相关联，但是并不是基于某个“当下具体的”自我。因为存在把自身放置于一个“无蔽”的状态中，并且存在本身与其所在的那个场所共在。因此作为“存在居所”的人就属于存在本身，就是“此在”。此处这种人就是一种存在状态——一种自我澄明状态的人，一种无蔽状态的人。作为“存在居所”的人就属于存在本身。通过区分人的三种类型，最终海德格尔阐释了人与存在的关系。

作为自我澄明和无遮蔽状态下的存在，并不依赖于人。人之所以能够与存在相关联，是因为人成为存在所占用的场所，即存在需要人。为了能够把自身的真理阐明出来，也就是为了澄明自己的状态，需要有一个存在者作为存在的居所，而存在把这个居所选择为人。人要想归属于存在，就必须在存在所规定的范围内活动，而决不能依赖于存在者的范围和意愿。正是存在对人的限制使得人的存在之为存在得以可能。人要想保持其存在的状态就必须放弃理性僭越的欲望，不能自持理性、为所欲为。

尽管海德格尔一直把克服虚无主义当作自己哲学的一个重大课题，但是却始终无法完成这一哲学任务。同尼采一样，海德格尔也反对传统的知性形而上学及其所持的二元论，但是这种知性学说只是与哲学对真理的诉

[1]　海德格尔：《尼采（下卷）》，孙周兴译，商务印书馆 2010 年版，第 773 页。

求相关，和人之为人的生活并没有多大关联。自古希腊以来的古典政治经济学所倡导的节制等与生活相关的美德，海德格尔对此却视而不见。海德格尔视野的片面性，造成了他的批判的片面性。海德格尔以一种非理性的方式抛弃了传统形而上学和基督教思想中的绝对真理与上帝，抛弃了超验的哲学根基与宗教的神圣前提。

## 二、西方现代哲学家在克服价值虚无主义中遭遇的双重困境

尼采和海德格尔都是非常有影响力的现代哲学家，他们对现代社会人类价值虚无主义、人类无家可归的时代命运有着深切的同情和深刻的洞见，但是通过对他们思想的梳理，不难发现尼采和海德格尔都无法实现对价值虚无主义的真正克服。原因就在于他们遭遇到理论和现实的双重困境，导致他们最终无法完成对形而上学的超越，从而也就无法真正地解决现代社会人类的价值虚无主义危机。

### （一）理论困境：囿于“形而上学”

尽管尼采和海德格尔都看到了形而上学对人的现实生命与价值的遮蔽，都曾试图超越形而上学，但是他们这种超越性的诉求，最终还是被滞留在了理论领域，无法真正实现对形而上学的扬弃。这是因为尼采和海德格尔哲学存在着自身的理论困境——带有无法挣脱的形而上学特性，从而导致其无法实现消解形而上学的目的。

按照尼采的看法，价值虚无主义，作为一个名词，表示上帝之死所代表的最高价值的自行贬黜；作为一个动词，表示自形而上学诞生起西方文化和历史走向虚无主义的过程，是一场历史性的运动。虚无主义构成了现

代社会的一大显著特征，它表现为现代社会个人真实的价值被否定与被虚无化。那么，是什么原因造成了这一困境呢？尼采认为是恰恰是肇始自柏拉图的传统形而上学，就预设了欧洲虚无主义的命运。中世纪上帝被杀死，最高价值陨落，人类失去了内心的崇高信仰。上帝之死作为这一运动过程中的一个激发点，使得价值虚无主义问题在现代社会得到了凸显。所以，尼采要求推翻柏拉图主义的那个抽象的终极理念，把价值问题从抽象的存在重新回归为人的价值的问题。如何实现价值向现实的人的复归呢？尼采提出我们要重估一切价值。

重估价值之后，尼采要求用来自人自身生命力的权力意志，摧毁并代替柏拉图的那个外在于人的抽象的终极理念或中世纪的超感性的上帝。但是诚如海德格尔的分析，尼采重建现代价值之路，仍然是一种形而上学的道路。尼采对价值虚无的思考和对价值重建的探索，从本质上说仍然是一种柏拉图主义，即要寻找的是仍然是那种本体性的东西，仍然是一种终极的根据。用海德格尔的话说，追问的都是存在者，而无视了存在。权力意志，作为人的生命力，作为人的某种精神力量的存在，它仍然是一种抽象的和规定性的力量。尼采最终找到的人的生命价值的东西，不过是一种虽然来自人自身，但却仍然是一种抽象的统治力量。所以依然是一种形而上学的思维方式，追求的依然是作为抽象的、规定性的那个大写的价值。海德格尔说，尼采超越形而上学的哲学努力，其实质仍然是一种形而上学，一种颠倒了的形而上学。

海德格尔一方面高度肯定了尼采在揭示现代社会人类的价值虚无主义问题上的理论贡献和哲学努力；而另一方面，海德格尔的高明之处就在于，他抓住了尼采哲学的理论困境所在——尼采所找到的试图超越形而上学的道路仍然不过是在形而上学视域内兜圈子，超越无门。海德格尔接过了尼采未完成的问题，将克服现代社会价值虚无主义的问题，转化为如何超越形而上学的问题。在海德格尔看来，无论是柏拉图以来的传统形而上学，还是尼采的超越之路，之所以说他们最终导向的都是虚无主义，原因就在于他们都停留在对存在者的追问和研究之上，而遗忘了存在自身。海德格尔认为虚无主义是指存在的被遗忘和被遮蔽，要想消解形而上学，解决人类虚无主义的命运，就要“向着存在而思”。海德格尔指出，“我思”是一个封闭的领域，只要人们从我思出发，就永远无法贯通对象领域，因而也无法超越形而上学的视域。海德格尔要求将哲学关注的核心领域，从“我思”领域转向“此在”领域。他认为“此在”的领域是一个可以通过“出—离”的方式直接和事物照面的领域，而不再像“我思”的领域那样表象。在此意义上，海德格尔实现了自身的存在论转向，并试图在“向着存在而思”的存在论中找到超越形而上学的路径。但是通过阅读海德格尔前期和晚期的著作，可以发现他并没能完成这一哲学任务。前期，海德格尔还要求回到柏拉图以前的哲学，彻底扬弃形而上学的语境。到了晚年，他就不得不承认“人是绝不能取代上帝的位置的，因为人的本质达不到上帝本质的领域”[1]。

尼采和海德格尔对现代社会价值虚无主义的研究，对形而上学所发起的批判与进攻，都是比较深刻的，对于现当代哲学家而言意义深远。但是历经如此复杂的批判和找寻过程，最终却还是没能战胜形而上学这个顽强的敌人，就在于尼采和海德格尔仅仅从理论领域来研究形而上学问题，来寻找超越形而上学的理论路径，而忽视了形而上学背后所隐藏的更深刻的现实的社会历史条件，没有从根子上抓住现代社会人类价值走向虚无主义的根本原因。

### （二）现实困境：遗忘“社会历史现实”

通过批判性地考察尼采和海德格尔对现代性背景下虚无主义问题的研

[1] 海德格尔：《海德格尔选集（下卷）》，孙周兴译，上海三联书店 1996 年版，第 807 页。

究，我们可以看到，他们把握到了这一重大的时代课题，即现代性所造成的人的困境——人类价值的虚无主义，并通过深刻的哲学反思与复杂的研究，以一种敏锐的目光把握到了造成现代社会价值虚无主义的思想原因——形而上学。这是尼采和海德格尔在哲学史上的重大贡献，为后来的哲学家们，特别是后现代主义哲学家分析与解决现代性问题，提供了重要的理论来源。

但是尼采和海德格尔并没能解决现代性这一困境，就在于无论是他们对现代社会价值虚无主义的思考，还是对形而上学的批判与解构，都是基于理论哲学的视角，而忽视了一个重要的维度——人的现实的世界。形而上学只是现代社会价值虚无主义的一个显性因素，在这个显性因素的背后还有一个更深刻的原因，也就是更基础的原因——现实的生活世界，即资产阶级社会。尼采和海德格尔都缺乏对资产阶级社会的批判与反思，没有认清人类价值虚无主义真正丧失的现实语境，即资产阶级社会这一独特的社会历史现实。正是由于资产阶级社会现实中出现了压迫和遏制人的现实价值的某种抽象的统治力量，才导致了人类价值的虚无主义。

尼采和海德格尔都深处资产阶级社会，那么资产阶级社会到底是一个怎样的社会呢？在资产阶级社会，个体摆脱了作为“一定的狭隘人群附属物”的尴尬处境，但是这种解放与独立是虚假的。因为“在资产阶级社会里，资本具有独立性和个性，而活着的个人却没有独立性和个性”[1]。资本作为一种抽象的同一性，消解和遮蔽了人的存在的丰富性和多样性，将人和人之间的丰富的关系扭曲为赤裸裸的金钱关系，并试图将这样一种关系歪曲为一种永恒的关系。资本逻辑试图长久霸占着历史的霸主地位，剥削着历史的真实的存在者——现实的人的话语权。在古代和中世纪的崇高陨落之后，人们没有实现向自身生命价值的复归，因为资本这一抽象统治力量的阴影继续笼罩在个体生命之上。资本作为一种抽象的力量，继续压迫

[1] 《马克思恩格斯选集（第1卷）》，人民出版社1995年版，第287页。

着人的生命价值，破坏乃至颠倒着人和人以及人与物之间的一切关系，因而我们需要“对现存的一切进行无情的批判”[1]，力求在批判旧世界中发现一个新的世界。

由于缺乏对资本主义制度的深层反思，尼采和海德格尔没有将对现代人价值虚无的理解落实到现实的社会历史条件上，因而他们并不能体会到现代性背景下虚无主义的真正内涵，没有找到现代社会虚无主义的根本原因，因而也就无法真正地超越形而上学，解决现代社会的价值危机。

除了尼采和海德格尔，包括施特劳斯、舍勒等现代哲学家，在探索解决现代社会价值虚无主义的路径上，都带有一种忽略对现实的生活世界的批判与考察，而空洞地要求对古典理论复归的倾向。尽管他们回归的最终指向各有不同，比如尼采在希腊哲学那里找到的是“酒神文化”；海德格尔要求回到追问存在的起点，即要求回到苏格拉底那里；舍勒则要求回归爱的基督教文化；等等，他们都是在脱离了现实的生活世界，寻找一种理论的回归或依靠，并试图在理论领域解决现代社会价值虚无主义的问题。

尽管他们找到了现代社会价值走向虚无的思想根源，他们在通往形而上学以外的大门前徘徊了良久，但却最终没有找到打开通往现实大门的那把钥匙。原因就在于他们探寻的目光和试图超越形而上学的哲学努力，仍然是一种来自形而上学的内部暴动，也就是说，尽管他们洞察到了形而上学的在场与强权，却忽视了其得以存在的、发挥更强大和更基础作用的现实根基。他们对虚无主义的思考，仅仅停留在对形而上学的造反，对社会历史现实不会产生任何实质性的效果。尽管他们的初衷充满了善意——要将长久以来被抽象存在或抽象的本体所束缚和压制的人的现实价值归还给人自身，但由于缺乏对现代社会生活，即对资产阶级社会的深刻考察与批判研究，他们寻求的解决之路，也只能是要求追溯到形而上学之初，因而注定只能是徒劳而返的。在这一点上，马克思是优越于尼采和海德格尔

[1] 《马克思恩格斯文集（第10卷）》，人民出版社2009年版，第7页。

的。虽然马克思生于尼采与海德格尔之前，但他对价值虚无主义的认知，对资产阶级社会的把握，是超越了后来这两者的。这从侧面反映出马克思哲学在对价值虚无主义的批判与超越上所实现的突破与革命，处于一个被低估的状态。

# 第三章

# 马克思对价值虚无主义根本原因的揭示

马克思身处的时代，从经济领域来说，人类进入了“资本”时代。马克思指出，“资产阶级在它的不到一百年的阶级统治中所创造的生产力，比过去一切世代创造的全部生产力还要多,还要大”[1]。他肯定了资产阶级社会创造出的前所未有的物质财富，极大地改善了人们的现实生活境况；从思想领域来说，人类进入了“启蒙”时代。文艺复兴和宗教改革相继完成，促进了“理性”的觉醒与独立，恢复了“人”在世界的中心位置。“资本”与“理性”的共存，是现代人所生活的特殊环境与背景。一方面，它们带来了社会经济的发展与繁荣，人类思想的进步与解放；但另一方面，它们也带来了新的问题，其中尤以价值问题最为突出——人类走向了价值虚无主义的深渊。在马克思看来，这根源于现代性自身所秉持的双重逻辑，即资本逻辑与理性逻辑的共同在场，并彼此共谋。在现代社会，“理性”与“资本”都带有明显的形而上学特征。在思想领域，“理性”为一切立法。上帝被杀死之后，主体“理性”长期霸占着现代性的绝对话语权，宣称一切未经理性审视的，都是无价值、无意义的。理性试图通过对“最高价值”的塑造，为人类提供安身立命之本，使生命获得价值与意义。在现实领域，“资本”作为最高价值，成为衡量一切价值的标准。随着现代社会神圣形象的瓦解，“资本”作为非神圣形象傲然挺立。资本成为社会的最高价值，“生命”价值也被迫让位于“资本”价值。“理性”与“资本”基于强权统治欲望，践行着共同的“同一性”原则，资本与形而上学通过共同的“谋划”，结成了恐怖的同盟，并通过“资本逻辑”的抽象统

[1] 《马克思文集（第 2 卷）》，人民出版社 2009 年版，第 36 页。

治，在现实生活中发挥着强大的力量。形而上学为资本的膨胀与扩张提供了合法性依据和运行原则；而资本又为形而上学争得了现实的栖息之地，资本就是实体化了的形而上学。正是现代性资本逻辑与形而上学逻辑的双重在场和彼此共谋，使得“受抽象统治”成为现代人类普遍遭遇却又无力挣脱的时代命运。马克思认为，这是造成价值虚无主义的根本原因。

## 一、形而上学带来的“最高价值”的幻象

西方哲学一贯保留着形而上学的哲学传统。“可以追溯到柏拉图的哲学唯心论思想看作是‘形而上学思想’，它途经普罗提诺和新柏拉图主义、奥古斯丁和托马斯、皮科·德·米兰德、库萨的尼古拉、笛卡尔、斯宾诺莎和莱布尼兹，一直延续到康德、费希特、谢林和黑格尔”[1]。关于形而上学，在西方哲学史上存在着两种解释路径：一种认为形而上学就是哲学，它体现了人类生命的超越本性。康德曾经提出“形而上学是人的自然倾向”，海德格尔也曾指出“形而上学是人的本性”。在此意义上，形而上学代表了人们对现实、对有限的不满，对超越自身与完满理想的渴求。人们通常认为形而上学就是哲学，形而上学是哲学的根本特征。另一种是从哲学史的角度，认为形而上学特指某一阶段存在过的特定思想体系。它从古希腊的柏拉图和亚里士多德开始，一直延续到德国古典哲学。它关注与探求的核心问题是：隐遁于存在者之后的“存在”。亚里士多德指出：“有一门学术，它研究‘实是之所以为实是’以及‘实是由于本性所应有的禀赋’。”[2] 所谓存在，与客观现实存在着的存在者不同，它作为一种超验实体，规定和统治着这个世界，代表着规律与价值的二元统一。“形而上学就是一种超出存在者之外的追问，以求回过头来获得对存在者之为存

[1] 哈贝马斯：《后形而上学思想》，曹卫东等译，译林出版社 2001 年版，第 8 页。
[2] 亚里士多德：《形而上学》，吴寿彭译，商务印书馆 1991 年版，第 56 页。

在者以及存在者整体的理解”[1]。它“在完全第一性的和最普遍的东西意义上的起统一作用的一，又是在最高的东西（宙斯）意义上的起统一作用的一”[2]。形而上学认为“存在有或者必定有一些永久的与历史无关的模式或框架，在确定理性、知识、真理、实在、善行和正义的性质时，我们最终可以诉诸这些模式或框架”[3]。因而，形而上学又被称作“第一哲学”，在西方哲学史上曾占据着漫长的时期，发挥着主导作用。此处，我们是在第二种意义上来谈论形而上学的，即哲学史上一种比较重要和特殊的思维方式。

事实上，在人类思想史的发展过程之中，形而上学曾经作为一种启蒙与解放的力量而存在的。近代之前的形而上学将人们从原始宗教神话中解放出来，实现了人类思维方式由感性向理性的转变，人们开始从多样性中去寻求同一性，从对事物表象的研究开始深入对事物本质的研究；近代形而上学，则通过解构上帝，将人类从抽象存在的统治中解放出来，重新恢复了人的地位和理性的权威。人们开始尝试用“人”的方式来看待自身与世界。这些都是人类思想发展史中，形而上学无法被掩盖的光芒与功绩。这代表了人类的成长与思想的进步。但是为什么在此后的很长的时间里，形而上学又被批评与唾弃？或者说，为什么自形而上学诞生起，对它的否定和反对就一直存在？这就根源于形而上学的本性与思维方式。作为长期在西方哲学史上占据统治地位、掌握话语权的形而上学，对于现实的人来说，始终是作为一种否定性的力量而存在的，导致了人类被遮蔽与遗忘的历史。

## （一）柏拉图主义的注脚——西方形而上学的传统

形而上学构成了几千年来西方哲学的理论内核，曾是西方哲学的主流

[1]　海德格尔：《路标》，孙周兴译，商务印书馆 2000 年版，第 137 页。
[2]　海德格尔：《海德格尔选集（下卷）》，孙周兴译，上海三联书店 1996 年版，第 829 页。
[3]　伯恩斯坦：《超越客观主义与相对主义》，郭小平等译，光明日报出版社 1992 年版，第 9 页。

意识和绝对话语。纵观西方哲学史，可能再也找不到像形而上学那样能够长期居于垄断地位的哲学理论形态和思维方式了。它长久地霸占和垄断着西方哲学的话语权，影响深远。从柏拉图将理念世界视为真实的世界，到亚里士多德将哲学理解为对终极原因的寻求，到中世纪的基督教中三位一体完满的上帝，再经笛卡尔作为“我思”的觉醒，到黑格尔的绝对精神的辩证运动，整个西方都沉浸在形而上学的宏大体系之中。到了现代，形而上学仍然是无法超越的一个深层逻辑，对其批判和反思构成现代哲学的一个重大课题。从这个意义上说，西方哲学史可以概括为：一部形而上学与反形而上学的历史。形而上学也因此成为现代性无法挣脱的一个深层逻辑。

形而上学在其发展过程之中，曾历经了不同的发展阶段，生成了不同的理论体系。中世纪以前的形而上学，要寻找的是作为一切存在者得以存在的最终根据。而作为那个终极原因的主体，它往往是一种超感性的、自因的、非历史性的存在。它作为事物存在的最高的同一性，支配着一切事物，比如柏拉图的理念世界。“在可理知世界中最后看见的，而且是要花很大的努力才能最后看见的东西乃是善的理念。我们一旦看见了它，就必定能得出下述结论：它的确就是一切事物中一切正确者和美者的原因，就是可见世界中创造光和光源者，在可理知世界中它本身就是真理和理性的决定性源泉”[1]。柏拉图将整个世界分为两大部分：理念世界和可感世界。可感世界就是我们日常深居其中的世界，这个世界充满了冲突、变动，短暂易逝。而理念世界则完全不同，它提供关于这个世界的全部真理与最高价值，因而是永恒的与绝对的，是真实的与可靠的。在柏拉图看来，理念是“永恒的，无始无终，不生不灭，不增不减”，“它只是永恒地自存自在，以形式的整一永与它自身同一”[2]。柏拉图认为只有理念才是真实的和有意义的，万物皆是理念的摹本。世间万物都是因为分有了理念，才

[1] 柏拉图：《理想国》，郭斌和等译，商务印书馆 1986 年版，第 197 页。
[2] 柏拉图：《文艺对话集》，朱光潜译，商务印书馆 2013 年版，第 249 页。

获得了本质规定，因而才具有存在的价值与意义。“绝对的美之外的任何美的事物之所以是美的，那是因为它们分有绝对的美，而不是因为别的原因”[1]。而到了中世纪，上帝作为形而上学的中心，成为世界存在的最终根据，并为人们的世俗生活提供了最高的价值准则，赋予人的生命以神圣的意义。古罗马哲学家奥古斯丁就曾经这样描写上帝的创世：“你创造天地，不是在天上，也不在地上，不在空中，也不在水中，因为这些都在六合之中；你也不在宇宙之中创造宇宙，因为在造成宇宙之前，还没有创造宇宙的场所。……因此你一言而万物资始，你是用你的‘道’——言语——创造万有”[2]。

无论是柏拉图的理念论，还是中世纪的上帝，虽然它们关注的主题不同，但作为一种形而上学的思维方式，都反映着人们对终极存在和终极根据的沉迷与追求。将“超验”存在当作最真实的存在和最高的价值规定，构成了形而上学的根本内容和共同特征，也导致了形而上学独特的思维方式和研究方法，即二元对立的思维方法，认为“终极存在”作为世界的根据，代表着理性、本质、必然、永恒与真理。而“现实世界”作为终极存在在世俗世界的投射，代表着感性、现象、偶然、短暂与意见。尽管哲学家找到的那个“终极存在”有所不同，但是都是作为最高的价值实体而存在的，试图在遮蔽与无视人的现实生命价值的前提下，为人类树立一个虚幻且崇高的超感性的终极价值。在他们看来，这一实体是自因自足、完满、绝对的，因而也是非历史性的存在，它的存在不以人的意志为转移的，高悬于遥远的彼岸世界。人们只需去发现它，并且忠诚于它。柏拉图提出通过回忆，能够让人记起灵魂深处的理念。作为一种二元对立的思维方式，形而上学坚信作为抽象的“一”的主体对多元客体的绝对统治地位，从而造成了一与多、普遍与客观、主体与客体、必然与偶然、同一性与差异性等不可回避的对立。其理论实质乃是一种抽象的“同一性”的思

[1]　柏拉图：《柏拉图全集》，王晓朝译，人民出版社 2002 年版，第 109 页。
[2]　奥古斯丁：《忏悔录》，周士良译，商务印书馆 1996 年版，第 235—236 页。

想——主体被置于绝对的中心地位，统治着万事万物，同化着万事万物。这种同一性的统治力量表现在人类的生活中，就是将现实世界和彼岸世界分离并割裂开来，通过彼岸世界否定人的现实世界。现实的感性世界是易变的、有限的，是一个残缺的、不完满的意见世界，充满了矛盾和苦难，因而是动荡和短暂的，它只能不断地向本体世界寻求自身存在的依据和可能性。而遥远的彼岸世界则是不受干扰的、真正完满的真理世界，因而才是真实的世界，孕育着永恒的价值和真理。它为现实的世界提供具有普遍性和同一性的价值规范和意义，代表着终极真理和永恒性，行使着最高的价值权力。

在对“终极存在”的追求中，形而上学代表了人类的这样一种欲求——人类总是渴望能够超越自身生命的偶然性和个别性，渴望从历史性的感性世界过渡到非历史性的超感性的世界，从而获得永恒的生命价值和意义。一方面，它代表了人类对完美生活的期许与向往。人类自诞生之始，“按照真理来思考就是答应要按照真理去生存”[1]，体现着人类朴素的情感与超越意识。但另一方面，作为一种思维方式，它又成为人们的生活方式。于是，这造成了只关注彼岸世界、只关注想象的世界而不关注现实的世界和现实的人的结果，并试图用这种想象中的现实取代真实的现实。这一态度与做法，让它饱受批判，尼采就曾对形而上学提出过质疑。尼采认为肇始自柏拉图以来的形而上学，最根本的特征就是否定人的现实生命和人的生命价值，它“谴责整个世界都是假的，并构想出一个位于此世彼岸的世界为真实世界的替身，然而，一旦人们明白了，臆造这个世界仅仅是为了心理上的需要，明白了人根本不应该这样做的时候，就形成了虚无主义最后的形式”[2]。尼采指出形而上学具有强大的颠倒功能，它颠倒了理论和现实、真与假的关系，将虚幻和无根的东西，当成了唯一的真

[1] 马尔库塞：《单向度的人：发达工业社会意识形态研究》，刘继译，上海译文出版社 1989 年版，第 119 页。

[2] 尼采：《权力意志》，陈筱卿译，中央编译局出版社 2005 年版，第 425 页。

实的世界，而对人类的现实的生命价值，却采取视而不见的态度，并给予无情地否定。因而，形而上学自诞生起，就昭示了它的必然性后果——虚无主义的命运。西方形而上学的发展史，就是一场虚无主义的运动史。近代以前是一个遮蔽与忽视了人类自身的现实性而追求人的现实之外的某种超感性存在或理念的形而上学的时代。无论是柏拉图的“理念”，还是基督教的上帝，它们都造成了人的现实价值的被遮蔽。在它们那里，作为最高价值的那个超感性实体，完全凌驾并超越于包括“人”在内的世间万物之上。

伴随着近代理性启蒙运动，上帝趋向瓦解，人们逐渐意识到了以往那种超感性存在对人的压制和束缚，寻求思想的解放。杀死了上帝之后，人开始尝试从自身出发，把自己当作认识和价值的主体，去重新审视自己的尘世生活，从而将探寻生命价值和生活意义，从那个超感性的存在转向了属人的世界。自此，近代开启了哲学研究的新路向——认识论的转向。其显著的特征为上帝的终结和主体理性的崛起，因而近代哲学也被指认为“上帝的人本化阶段”，即现代性所蕴含的一个内在逻辑——理性形而上学。

### （二）现代性的哲学语境——理性形而上学的在场

现代性所遭遇的形而上学语境，是肇始自笛卡尔，途经康德等，到黑格尔那里发展到极致的理性形而上学。不同于之前的形而上学对于人之外的超感性的实体的追求和仰慕，在近代启蒙理性的号召下，人类的主体理性获得了自我的觉醒。思维和存在如何统一的问题，也成为近代哲学所要解决的关键问题。以前的形而上学，包括基督教的上帝，都是在未经反思思维和存在如何统一的前提下，就直接预设了一个超感性的存在或本体，并将其当作两者统一的力量与根据。在它们看来，超感性的世界才是真实的、有价值和意义的世界；而人的现实的世界，也就是真实存在着的世界，则是短暂的、虚幻和无价值的。因此，用彼岸世界来压抑和限制人的现实世界，将终极价值凌驾于人的现实价值之上。启蒙运动带来的人类理性的自我觉醒，使近代的哲学家充分认识到了这种形而上学的弊端，从前被仰慕与追捧的那种超感性的“理念世界”或“上帝世界”都是未经理性反思和检验的世界，因而是不可靠的。哲学研究的中心，应该从超验世界转向人的世界，从抽象领域转向理性领域。在此基础上，近代哲学完成了认识论的革命与转向。其理论贡献在于，发现并恢复了“人”这一长久被遮蔽的现实主体，并将其带到历史的中心舞台。与之相应，关于价值问题的研究也出现了转折。价值从原来的超验存在，变成与人相关的存在。从原来的外在性与独立性，变成理性为价值立法。

笛卡尔的“我思故我在”，正式拉开了认识论转向的大幕。在质疑以往一切未经理性反思的权威价值实体的前提下，笛卡尔肯定了作为“我思”之底基的“我在”，承诺了“我”作为绝对权威的主体地位，从而将人们从对某种超感性的本体的追问中，转向对主体自我的关注，亦即对此岸中现实的“人”的关注。伯林也曾指出，“我希望，我的生活和决定，依靠的是我自己，而不是外部的什么力量。……我希望成为一个主体，而不是客体；我希望由我自己的理性和我自己的自觉意志来推动，而不愿受强加给我的外部力量的驱使”[1]。这样，人们就从对超感性世界的仰望中，转向从人自身去寻找意义和价值根据，去寻找人的世俗价值。自此，人的现实价值就由之前的形而上学那里的一个“定性的”命题，变成了主体形而上学这里的一个“可能性的”命题，这种可能性是伴随着近代主体形而上学的确立来展开的。与那种追求“超验”存在的形而上学不同，近代哲学经过笛卡尔、莱布尼兹、康德到黑格尔的努力，重新为人类树立了一个新的形而上学的主体——人类“理性”，包括人在内的整个

[1] 卢卡斯：《个人主义：分析与批判》，朱红文等译，中国广播电视出版社 1993 年版，第 59 页。

世界的根据，就从超感性的存在转向了属人的世界。理性成为最高的价值准则，理性为一切立法，所有的物都必须通过理性的规定而获得现实性与合理性。到黑格尔这里，理性的这种强大的现实功能，就以“绝对精神”的形式达到了极致。从“上帝”到“理性”，这是近代哲学的一次重要转变。

因此，相比于以往的形而上学，近代理性形而上学带有明显的进步性。这种进步性表现在：伴随着上帝之死和启蒙的嘹亮号角，“自由”“平等”“民主”“科学”等一系列的由现实理性的人，而非任何上帝等大写的“人”发出的革命口号，唤醒了禁锢了几千年的“个体”的主体理性。人们第一次摆脱了对某个大写的“人”的仰望，第一次不是从他者的眼光，而是用自身的理性目光真实地看待自己，将自己看作一个独立的人格实体。近代理性形而上学将人从上帝的盲目崇拜和臣服中解救出来，完成了对世界的祛魅，因而理性形而上学代表着哲学史上一个“发现人”的过程，“人”以一种主体的形式，站在了哲学历史的舞台。近代哲学的这一重大转向，是哲学史上“人”的一次被发现与觉醒，标志着人们开始自觉地抵制在人之外的力量对人的生命的霸权与统治。在现实生活中，就表现为人们摆脱了前资产阶级社会中宗族关系、权力、上帝等因素对人的压制，去寻求人的真正自由与平等。

作为一种发现“人”的哲学，不同于以往形而上学对世俗世界及现实的人的无视或忽视，理性形而上学向现代人类承诺了一个消除了恐惧、贫苦，而安定、和谐、有序的美好未来，并宣告这个未来不在遥远的彼岸世界，而就在我们所生活的世界的前方，就在彻底消解了一切束缚人的神圣形象之后，人类“理性”当家做主的未来。因而，现代性就以这种“理性”为主导原则，建构起了关于人类“自由”和“解放”的未来理想，认为社会历史是按照单向性的原则不断地前进和进步的，许诺在人类社会历史的前方存在着一个“良好秩序的完美社会”的自由王国，而理性也成为黎明之前照亮最后黑暗的一道真理之光，“现代性所追求和展现的原本就是一种关于‘美好社会’的理性预期和无限敞开的价值想象”[1],这是近代主体理性为现代社会所提供的启蒙视角和启蒙梦想。

在肯定理性形而上学所取得的进步之后，我们还要深入它的内部，抓住它的本质。近代理性形而上学，是一种奠基在理性基础之上的“新”的形而上学。所谓的“新”，并非意味着实现了彻底的变革，而是体现为理性形而上学中居于中心的是“理性”，与之前的形而上学所追寻的“终极存在”属于异质物。但它本质上依然是一种形而上学，因为它所要寻求的是“掌握理念的普遍性和真形相”[2]。理性形而上学和之前的形而上学,本质上都是一种寻求普遍性，强调“同一性”的哲学思维方式。游荡在资产阶级社会的理性形而上学，依然是一种形而上学。黑格尔指出“现代世界的原则就是主体性的自由”[3], 在他看来，主体理性原则构成了现代世界的基本原则。随着上帝之死宣告了以上帝为核心的旧有的价值体系的土崩瓦解，理性试图以自身为根据，为现代人提供一套新的价值标准和价值体系。“现代性必须根据自己所剩下的唯一的权威，即理性，来巩固自己的地位”[4],“他们不承认任何外界的权威，不管这种权威是什么样的。宗教、自然观、社会、国家制度，一切都受到了最无情的批判；一切都必须在理性的法庭面前为自己的存在作辩护或者放弃存在的权利。思维着的知性成了衡量一切的唯一尺度”[5], 理性为人类立法，因而理性也为人类提供一切价值规范和准则，规定和约束着现实的世界及人。

理性形而上学不是从实践、不是从现实的人及历史发展来研究人的价值，而是将价值的权威标准归结为某种思想观念、抽象的理性或绝对精神，从而又陷入了对现实的个人及其生命价值遮蔽的怪圈。中世纪人们认

---

[1] 袁祖社:《“现代性社会”价值本体确立与认同的困惑》,《北京大学学报（哲学社会科学版）》2008 年第 5 期。

[2] 黑格尔:《小逻辑》，贺麟译，商务印书馆 1980 年版，第 35 页。

[3] 黑格尔:《法哲学原理》，范扬译，商务出版社 1961 年版，第 291 页。

[4] 哈贝马斯:《后民族结构》，曹卫东译，人民出版社 2002 年版，第 180 页。

[5] 《马克思恩格斯文集（第 9 卷）》，人民出版社 2009 年版，第 19—20 页。

为只有上帝才是最完满的存在，为人们提供了最高价值的绝对标准。在基督教看来，人生而就是不完满、有罪的，因而人类永远不能成为上帝，更无法超越上帝，人们只能信仰与服从上帝。到了近代，理性取代上帝的位置，成为新的主宰，就使得人类刚刚从宗教等外在抽象实体的统治中解放出来，又把自身至于理性的抽象统治之下，并最终滑入了“上帝的人本化”的深渊。“理性批判毁灭了坎特伯雷大主教安瑟伦以来关于上帝存在所做的种种证明，但如果认为理性批判也结果了上帝的存在本身，那就不真实了。自然神论现在还活着，活得生气勃勃，它没有死，尤其是最新的德国哲学并没有杀死它”[1]。这种形而上学最大的特点是:将人的理性视为最高的价值准则。无论是传统形而上学所追求的万物的本质，还是基督教为我们确立的终极的根据——上帝，或是近代哲学所追捧的人类的“理性”，它们都代表着对凌驾于现实生命之上的、具有某种同一性的终极存在或终极理念的追求，都认为在人的现实生命之上，存在着一个作为绝对真理的超级实体，用最高价值的光辉笼罩着世人，为人类提供价值规范。在现代社会，最高价值的提供者和规定者就是主体理性，诚如黑格尔所言“凡是合乎理性的东西都是现实的，凡是现实的东西都是合乎理性的”[2]。

作为启蒙运动觉醒的产物，近代形而上学和传统形而上学相比，虽然诉诸的主体有着显明的区别，但是同作为一种形而上学的哲学，它们“在漫长的历史过程中……始终把捕获绝对的、无条件的终极知识和最高本体作为自己的最高使命，而概念逻辑则被视为通达这种终极知识和最高本体的根本途径和不二法门，以概念的方式来把握终极存在，获得关于世界的终极解释，建立起关于整个世界的客观知识体系，是视为哲学的最高目标。哲学的任务就在于提供一种大全性、永恒性的特殊知识，这种特殊知识能为人的现实生活和一切具体知识提供最后的基础和

[1]　海涅:《论德国宗教和哲学的历史》，商务印书馆 2000 年版，第 6 页。
[2]　黑格尔:《小逻辑》，贺麟译，商务印书馆 1980 年版，第 43 页。

最高的尺度”[1]，因而两者并未本质区别。近代哲学并未完全摆脱形而上学哲学传统的窠臼。在某种程度上甚至可以说，近代哲学将传统哲学中的形而上学传统发挥到了极致。置身于这样的理论思维视野之下，现实人的命运处境又能发生多大改变呢？深入社会历史现实，我们就会发现人类社会历史的发展，并没有在理性的慷慨激昂下，径直通往那充满自由、平等、正义的幸福王国，人们并没有实现真正的解放。问题就在于理性在杀死上帝的同时，又将自身塑造成为了一个新的凌驾于一切之上的新“神”，一个披着“人”的外衣的、更膨胀和更虚伪的神。它为我们提供了一个关于人类未来的美好理想，认为人类只要遵循着理性之光，就可以摆脱蒙昧与迷信，就可以作为价值的真正主体，登上社会历史的舞台，帮助人们重新获得独立和自由，让人们过上有尊严的幸福生活。由此我们可以看出，作为一种主体性的理性原则，它对人类未来的预设，坚持的是一种目的论的立场，即认为人类社会历史的发展带有明显的进步倾向，前方的路径一定自发地通达美好。事实果真如此吗？是否诚如启蒙理性所允诺的那样：社会历史的发展是单向与进步的，未来有一个现成的、由理性建立、具有必然性的美好社会呢？答案是否定的。事实证明，这不过是资本家在为资产阶级社会的永恒性作伪证，其实质乃是现代社会人类理性的狂妄与僭越。社会历史的真实性就在于，历史的深处并没有像现代理性所承诺的那样，在人类未来有一个现成的秩序良好的完美社会，并不存在那样一个由理性所建构起来的自由王国，它敞开着大门静候着人类的光临。这是理性的自作多情，也是理性的狂妄不羁，它完全忽视了社会历史的发展所必须依赖的物质生产，而过分夸大了理性的力量。

事实证明理性不仅不能带领人们通达美好的理想王国，也不可能如它所标榜的那样实现人的真正的解放，实现人的真实的价值。因为“当‘理

[1] 贺来：《有尊严的幸福生活何以可能》，中国社会科学出版社 2013 年版，第 23 页。

性王国’自诩为现代人提供关于人的真实的价值基础时，实质上不过是为现代人提供了一个虚假的幻象，当现代人自以为获得了绝对可靠的阿基米德点时，实质上这一价值基点的底部埋藏着一个巨大的深渊”[1]，“压迫”和“奴役”的逻辑压制住了“解放”的逻辑，人的价值的实现变成了人更加远离真实的价值。现代性背景下人类不仅没有感受到自身生命价值的真实性与充盈性，反而更深层地跌落到了价值虚无主义的深渊。价值虚无主义就不再仅仅是尼采所描述的一位“远道而来”的、“登堂入室”的客人，它已经成长为“主人”，牢牢操控现代人的物质和精神生活，将人类牢牢控制在自己的束缚之下。

究其原因在于，理性形而上学所秉持的内在原则，是和以往的形而上学一样的“同一性”的原则。而作为一种同一性的逻辑，它是“完全建立在对‘个体性’和‘差异性’否定和抹杀的基础上，这种对个体生命的否定和抹杀，如果说在黑格尔那里使个人成为可以任冰冷的历史理性的车轮无情碾碎的小草，那么在希特勒那里则成为为实现种族存在的‘高贵同一性’而干掉大量‘非同一’的无足轻重的‘存在者’”[2]。这是形而上学思维方式一贯秉持的内在悖性，理性形而上学也难以逃脱这一命运，决定了人类所寻求到的仍然是一种抽象的价值，而绝非是“现实”的人的“真实”的“生命”价值。

对那个作为抽象“一”的极端寻求，带来的后果只能是某种极权和压制。理性形而上学呼吁将“属人”的价值还给人自身，但是此处的“人”依然是一个大写的人，而非指代每一个人。资产阶级社会的工人阶级的现实处境就是最好的答案。如果说在中世纪的上帝那里，人们还可以平等地分享着同一个上帝，分享着同一个最高价值，那么到了资产阶级社会，在理性所鼓吹的幸福与平等之下，工人阶级则完全丧失了人之为人的价值的全部可能性。因为在资产阶级社会里，资本具有价值，资本家有对生命价

[1] 贺来：《边界意识和人的解放》，上海人民出版社 2007 年版，第 31 页。
[2] 贺来：《边界意识和人的解放》，上海人民出版社 2007 年版，第 362—363 页。

值求索的时间、精力与财富；而工人阶级却只能为了维持生存，不得不每天劳动十几个小时，即便这种劳动让他感受到痛苦、不幸与绝望。在资产阶级社会，工人阶级生命最大的价值就是成为资本增值和资本家获取丰厚财富的工具。正是在对资产阶级社会早期工人阶级悲惨命运的考察中，马克思发现了隐匿在形而上学背后的资产阶级社会历史现实，从而将对形而上学问题的思考，从理论领域转向了更为真实和基础的现实领域。

在马克思看来，当形而上学所建立的彼岸王国被摧毁之后，基于重新获得自身合理性的现实需要，现代社会形而上学就转向了与现实和解，为自己找到了人间的代言与新的化身——“资本”。在资产阶级社会，形而上学借助资本，获得了自身继续存在的合法性与真实性，以伪装的形式在尘世继续发挥着自身的权威。而资本作为形而上学存在的现实根基，继续履行着形而上学的权威使命，体现着形而上学的“同一性”原则，践踏着人的现实的生命价值，马克思认为这才是造成现代社会价值虚无主义的根本原因。之后，尼采和海德格尔虽然把握到了时代的命运，并找到了问题的原因，看到了形而上学与虚无主义的复杂纠葛，但是最终无法实现对形而上学的超越，无法找到克服价值虚无主义的道路，就是因为他们没有认清这一社会历史现实，因而他们不仅不能从人的现实的社会历史条件下去研究人的价值问题，却只能依然从他们唾弃的形而上学领域去研究价值问题。马克思哲学一开始就意识到，人类要想彻底摆脱价值虚无主义，仅是停留于理论领域的讨伐，没有任何现实意义，批判的武器永远无法替代武器的批判。要想彻底消灭价值虚无主义，就必须抽丝剥茧，找到价值虚无主义产生的根基——资产阶级社会这一现实基础，并将其连根拔起。

## 二、现代性的双重逻辑：资本与形而上学的共谋

在马克思看来，形而上学作为抽象的观念在理论领域作威作福，那么

生活中也一定存在着一个像形而上学一样的抽象的现实力量，束缚和压抑着人的生命价值，从而导致现代社会人类的价值虚无主义。与马克思相比，尼采和海德格尔看到了虚无主义对个体生命价值的践踏，却没有认清作为形而上学基础的资产阶级社会这一现实的社会历史条件，所以他们无力完成形而上学批判的历史任务。

马克思认为，现代性表现出的就是资本主义生产关系下的现代人类的生存处境，现代性的问题也就是资产阶级社会所固有的问题。因而，对现代性价值虚无主义的研究与批判，也必须诉诸这一特定的社会历史条件，即必须将对虚无主义问题的探索与对资产阶级社会的批判研究紧密结合起来。对于现代性，马克思持有两种客观的看法：一方面肯定了现代性所创造的现代社会的巨大物质财富，从经济和历史等客观的角度来说，"资产阶级在它不到一百年的阶级统治中所创造出来的生产力，比过去一切世代创造的全部生产力总和还要多、还要大"[1]，"它首次开创了世界历史，因为它使每个文明国家以及这些国家中的每一个人的需要的满足都依赖于整个世界，因为它消灭了以往自然形成的闭关自守的状态"[2]。资产阶级社会以超出想象的、前所未有的能力改变着人们的生活，比如：物质财富的极大增长、新的交通工具的问世、高科技产品的诞生。现代性改变着人们的生活，扩大着人们的交往范围，使得历史逐渐变成世界历史。同时从"人"的价值的实现角度来说，现代性彻底打碎了之前那种凌驾在人的真实的价值之上的抽象的、超感性的存在，将人的价值从彼岸虚假的世界回归到人的现实的世界。现代性完成了为世界、为人的价值祛魅的任务，让神圣价值最终无处隐匿，消解于无形。但是马克思也切身感受到了现代性所带来的困惑：资产阶级社会自诩创造了如此多的物质财富和精神财富，现代社会人类却遭遇到价值虚无主义的命运。

在马克思看来，资产阶级社会是一个充满矛盾和分裂的社会，是一个

[1] 《共产党宣言》，人民出版社 1997 年版，第 32 页。
[2] 《马克思恩格斯选集（第 1 卷）》，人民出版社 1995 年版，第 114 页。

抽象的统治力量无处不在的社会，也是一个颠倒了的社会。它为人类创造了前所未有的精神文明和物质财富，可是同时也无情残忍地将人类的生存之基连根拔起，将人类打入了价值虚无主义的深渊。这一切都根源于现代社会中作为抽象的统治力量的资本。在资产阶级社会，资本牢牢统治和束缚一切，资本是神圣形象解体后，重新竖立起来的一个至大无外、法力无边的非神圣形象。

## （一）资本的本质：一种颠倒的社会关系

提到“资本”时，人们往往单纯地将其理解为一种物质财富。在马克思看来，这种思维方式是根源于古典政治经济学对“资本”的错误解读，即将“资本”仅仅看作物——一种用于获取财富的物质资料。古典经济学家亚当·斯密就曾经这样规定过资本：资本，一种用于生产的积累起来的物质财富。在斯密看来，人的财富可以分为两种：一种是作为生活资料的财富，主要用来支付日常生活的消费，一种是作为生产资料的财富，主要用于投入再生产，从而获取利润。斯密把第二种财富就称为资本。

马克思认为这是对资本的一种粗俗的“物化”解读，没有把握到资本的本质。他仅仅看到了资本的自然属性，即作为物的属性，而没有将资本理解为“一定的社会生产关系”，即资本主义的生产关系。如果对资本进行这种简单的物化解读的话，就会导致将资本所代表的社会生产关系错误地解读为资本的自然属性和内在规定性，也就是将历史性的关系解读为非历史性的物的属性。马克思认为古典政治经济学并没有理解资本的本质，作为一种粗俗的唯物主义，它没有办法理解和把握资本背后的“形式规定”，只能像斯密为代表的古典经济学家那样，单纯地将资本看作生产资料的总和。作为一种粗俗的唯心主义，它无形放大了资本的力量，将资本看作是一种非历史性的存在，从而导致资本的抽象化。

在批判古典经济学家的基础上，马克思重新给出了资本的定义，“资本不是物，而是一定的、社会的、属于一定的历史社会形态的生产关系，它体现在一个物上，并赋予这个物以特有的社会性质。资本不是物质的和生产出来的生产资料的总和”[1],资本的“实质并不在于积累起来的劳动是替活劳动充当进行新生产的手段。它的实质在于活劳动是替积累起来的劳动充当保存自己并增加其交换价值的手段”[2]。根据马克思对资本的定义，我们可以把握到资本的三点信息：其一，资本是一种生产关系，而绝非仅仅是一种物质财富；其二，资本和资本所表现出来的生产关系，都是具有一定的社会性和历史性的，绝非是一种普遍的、永恒的生产关系；其三，资本所代表的这种生产关系是一种颠倒了的生产关系，其实质就是用“死劳动”的物来支配“活劳动”的人。根据资本的这三个特征，我们可以对资本做出把握：资本，作为一种特殊的、历史性的生产关系，即资产阶级的生产关系，是一种颠倒了的生产关系。

马克思指出生产关系的颠倒，导致了人们的现实的生活世界的颠倒，表现在资产阶级社会，就是抽象的、死的资本，对现实的、活的人的统治与压抑。这样，主客体的关系就完全被倒置了。在马克思那里，资本已经不再是一个纯粹的经济学范畴，而是一个具有哲学性质的概念，因而对资本展开全面研究的《资本论》也就“不是一种简单的对政治经济学的批判，而是用资产阶级社会的经济范畴来对资产阶级社会的人进行批判”[3]，“是关于‘现实的历史’的存在论”[4]。马克思指出,资本作为一种颠倒的生产关系，它颠倒了现实的人与资本的关系。现实生活中，资本本来应该是为实现人的利益而服务的，有助于丰富生命的多样性。但是在现代社会，资本反而凌驾于现实的人之上，将人变成实现资本扩张和增值的工具，资

[1] 《马克思恩格斯选集（第2卷）》，人民出版社2012年版，第644页。
[2] 《马克思恩格斯选集（第1卷）》，人民出版社2012年版，第342页。
[3] 洛维特：《世界历史与救赎历史》，李秋零等译，商务印书馆1988年版，第67页。
[4] 孙正聿：《“现实的历史”：〈资本论〉的存在论》，《中国社会科学》2010年第2期。

本摇身一变成为整个社会的“最高目的”和“至上的神”。资本的本质就是一种颠倒的社会关系，导致在资产阶级社会只有资本有价值，而人没有价值，人的一切价值都必须服从资本的规定。工人阶级通过劳动不断创造物质，但是一旦凝结着人的劳动的物质进入交换市场，转换为交换价值，人就失去了劳动产品和曾经付出的劳动。人们要想重新占有它，就必须付出更多的货币。资产阶级社会中资本成为最高的价值标准，变成了世俗化的上帝，一切都被纳入资本的羽翼之下。

马克思指出，作为现实社会的抽象统治力量，资本具有强大的同一性和祛魅功能。“没有任何绝对价值，因为对货币来说，价值本身是相对的。没有任何东西是不可让渡的，因为一切东西都可以为换取货币而让渡。没有任何东西是高尚的、神圣的等等，因为一切东西都可以通过货币而占有。正如在上帝面前人人平等一样，在货币面前不存在‘不能估价、不能抵押或转让的’，‘处于人类商业之外的’，‘谁也不能占有的’，‘神圣的’和‘宗教的东西’”[1]。资本打破了以往的宗教虔诚的权威，打碎了那个高高在上永恒的信仰真理，完成了对宗教的祛魅；同时它也打破了人们原有的生活秩序和生活关系，将人们从地缘或血缘所组成的温情脉脉的家庭关系中、从土地中解放出来。将人作为一个个独立的个体，投入资本主义的大生产中。人们在奔波匆忙的生产劳动中，脑海中可能偶尔划过上帝的影子，表达对过去那种安定有序的生活的怀念。但上帝已经不再是人们内心的最终目的，只能退化为私人领域的闲暇信仰。而资本才是现世的普遍的、共同的终极目的。资本完成了对世界的宗教祛魅，它将尘世的一切信仰，都变成对自身的膜拜；它把人们的价值依托，全部集中于自身；它把人们对生活和未来的追求，引向对它的永无止境的寻求。在瓦解上帝的神圣形象之后，资本树立起了自身的非神圣形象。资本将“生命活动统一到一个由‘价值规律’及其所伴随的‘金钱关系’所统治的‘单一的’有机

[1] 《马克思恩格斯全集（第31卷）》，人民出版社1998年版，第252页。

系统中”[1]。在资产阶级社会，资本的帝国最终建构起来，人成为资本的仆人与工具。这个阶段也就是马克思所说的人类社会发展的第二个阶段，是建立在“物”的依赖性基础上的人的独立性阶段，是只见资本不见人的阶段。受抽象统治，成为现代人的普遍命运。

## （二）资本逻辑的强权作用：个人受抽象统治的现实命运

资产阶级社会解构了传统社会的“人身依附”关系，却在以物的依赖性为基础上，重新塑造了人与资本的关系。生产的最终目的，是为了交换，从而为资本家获取价值利润。一切商品都被贴上“交换价值”的标签，资本成为衡量一切价值的标准。人和人的关系，也被奠基在货币、资本之上。此时，在资产阶级社会，市民社会成为一个为了追逐私人利益而相互厮杀的战场，一切人对一切人的战场。每个人都在追逐着自己的现实利益——私有财产，他者则沦落为谋取个人利益的手段和工具。“人的本质不是单个人所固有的抽象物，在其现实性上，它是一切社会关系的总和”[2]，然而在资产阶级社会里，一切的现实社会关系，都变成了赤裸裸的金钱关系。资本主义大生产将一切活动与产品都通过“等价物”转换成了交换价值，使得“资本逻辑”的非神圣形象最终傲然挺立，造成了人与人之间以商品为中介的新的依赖关系。因而，这样的个体独立是一种虚假的独立，人依然受抽象资本的统治。这样的个体独立，其实质乃是“以物的依赖性为基础的人的独立性”，不是人的真正的独立。在资产阶级社会里，个体生命价值并没有得到尊重和实现，不是人的价值的真正的实现阶段。按照马克思关于人类社会历史的三大发展阶段的划分，资产阶级社会，只是人类社会发展的第二个阶段——建立在物的依赖性为基础的人的独立性

[1] 白刚：《瓦解资本的逻辑：马克思辩证法的批判本性》，中国社会科学出版社 2009 年版，第 158 页。
[2] 《马克思恩格斯文集（第 1 卷）》，人民出版社 2009 年版，第 501 页。

阶段，在这个阶段，“个人受抽象统治”，成为人的普遍命运。表现在生活领域，就是资本逻辑对人的统治，资本价值对人的价值的否定与遮蔽；表现在意识领域，就是资产阶级社会三大拜物教：商品拜物教、货币拜物教与资本拜物教的泛滥。面对资本的强权统治，现代人无处遁匿。

在资产阶级社会，资本不仅作为一种“颠倒的社会关系”而存在，更是作为“统治一切的权力”而存在。而这种权力，发展到极致，就成为资本逻辑。“个人现在受抽象统治，而他们以前是相互依赖的。但是，抽象或观念，无非是那些统治个人的物质关系的理论表现”[1]。抽象的统治，指的就是资本对人的抽象统治，而抽象或观念，指的就是形而上学。马克思认为，资本逻辑的强权统治正是通过资本与形而上学的结盟得以实现。在思想领域，形而上学采用“二元分立”的思维方式，人为造成“一”与“多”的割裂，并将“一”视为凌驾于“多”之上的“绝对存在”与“终极根据”；在现实领域，资本将自己塑造成为世界的最高价值，认为一切价值都必须让位和服从资本价值。在现实生活中，资本就扮演着形而上学中的“终极根据”的角色。本质上，两者都践行着“同一性”的原则，这就为资本与形而上学的结盟奠定了扎实的基础。马克思认为，一方面抽象的统治，即资本对人的抽象统治，为形而上学提供了现实基础；另一方面，形而上学又为资本尘世的合法性提供了理论保障与形式规定。在马克思看来，形而上学是资本抽象的理论表达，而资本进行抽象统治所遵循的便是形而上学的抽象原则。在这个意义上，马克思说“资本的形而上学本质与形而上学的资本本质乃是同一回事”[2]。

悄然达成联盟的资本和形而上学，借助“同一性”的原则，通过资本逻辑实现对现实的人的抽象统治。在资本的“同一性”面前：特殊的利益被说成是普遍的利益，普遍的利益又被抽象为统治的力量。正是在这一过程之中，资本完成了在此岸世界的“封神”。在资本的逻辑之下，传统社

[1] 《马克思恩格斯全集（第 30 卷）》，人民出版社 1995 年版，第 114 页。

[2] 王善平：《现代性：资本与理性形而上学的联姻》，《社会科学战线》2010 年第 9 期。

会中的“人身依附”关系被打破，但人却没有实现自己的真正自由与独立，因为关于人的一切最终都要通过与物的关系表现出来。马克思指出，资本把“宗教虔诚、骑士热忱、小市民伤感这些情感的神圣发作，淹没在利己主义打算的冰水之中。它把人的尊严变成了交换价值，用一种没有良心的贸易自由代替了无数特许的和自力挣得的自由。总而言之，它用公开的、无耻的、直接的、露骨的剥削代替了由宗教幻想和政治幻想掩盖着的剥削”[1]。资本将自己塑造为上帝在世俗世界的化身,以一种绝对性的话语和强制性的统治力量，成为现代社会的主宰与最高价值。如果说上帝作为一种抽象的力量，还是一个高高在上的显性逻辑的话，那么在完成了政治解放的资产阶级社会里，资本则是作为一个隐性的同化的工具，贯穿于人们整个的社会生活之中，悄悄将人们牢牢控制在自己的羽翼之下。隐性的抽象逻辑比显性的抽象逻辑要更可怕，因为它更普遍、更隐蔽，也更容易麻痹人。自此，资本摆脱自身作为物的自然属性，成为一种社会性的抽象统治力量。形而上学与资本：一个在彼岸进行操纵，一个在尘世进行现实的运作，两者是如此的契合与一致，使人深陷受抽象统治的命运。

在马克思看来，这就表现在两个方面：一个是抽象的存在，即资本对人抽象的统治，一个就是抽象的观念，即拜物教思想对人的统治。正是通过理论与现实领域的双重作用，资本逻辑的抽象统治被推演到极致。资本逻辑对人的抽象统治，就表现在如下几个方面：

（1）资本被塑造成为最高与绝对的价值。它具有毁灭和破坏一切价值的本性。在资产阶级社会，只有资本享有价值的话语霸权，充当着裁夺一切和评判一切的最高价值标准。资本将自己塑造成现代社会价值的阿基米德点，成为高高在上的“一”。它作为抽象统治的力量，强制性地将现实的人及其一切都纳入自己冰冷的、无人身的逻辑体系之中。它消解了传统意义上的价值理念和价值规范，将价值粗暴地割裂为经济学上的使用价值

[1] 《共产党宣言》，人民出版社 1997 年版，第 30 页。

和交换价值，并且将交换价值凌驾于使用价值之上。一切职业都不再光辉，人的尊严和美德都被交换价值所替代，一切高尚的东西都沦落为商品，从而等候贩卖。传统价值规范和理念失去了自身存在的合法性与现实性，被迫让位于交换价值。资本逻辑的霸权之下，人的生命价值和尊严，被置换为交换价值；人的自由和独立，被替换为贸易的自由。资本任性地扼杀着人的创造性与个体独立性，埋葬着人的现实生命存在的丰富性与多样性，摧毁了人们的一切价值信念和理想。人类存在的全部合理性与现实性，都聚焦于一点：充当资本扩张和增值的手段与工具。除此之外，个体价值一文不值。马克思痛斥资产阶级社会，指出“资产阶级在它已经取得了统治的地方把一切封建的、宗法的和田园诗般的关系都破坏了。它无情地斩断了把人们束缚于天然尊长的形形色色的封建羁绊，它使人和人之间除了赤裸裸的利害关系，除了冷酷无情的‘现金交易’，就再也没有任何别的联系了”[1]。资本将一切的存在及其价值都纳入自己的同一性体系之中，并重新给人和物分配相应的可以用货币来衡量的价值。除了交换价值，人们心中陨落了一切的道德律和价值规范。资产阶级社会唯一能带给人们安全感和满足感，甚至成就感的，唯有交换价值，从而导致人们沉溺于对财产、货币等现实利益的追逐中。而资本将交换价值作为衡量一切价值的标准，把占有财富的多少当作衡量一切的价值标准，把尽最大限度地追逐财富当作自己的价值目标。“资本害怕没有利润或利润太少，就像自然界害怕真空一样。一旦有适当的利润，资本就胆大起来。如果有百分之十的利润，它就保证到处被使用；有百分之二十的利润，它就活跃起来；有百分之五十的利润，它就铤而走险；为了百分之一百的利润，它就敢践踏一切人间法律；有百分之三百的利润，它就敢犯任何罪行，甚至冒绞首的危险”[2]。

（2）资本通过“同一性”原则吞噬了其他一切价值。资本为价值立

---

[1] 《共产党宣言》，人民出版社 1997 年版，第 30 页。

[2] 《马克思恩格斯选集（第 2 卷）》，人民出版社 1995 年版，第 266 页。

法，资本掌握着价值评判的唯一标准。在古希腊社会，一个人博学多识、慎思明辨，可能会为他迎来尊重；在中世纪，一个乐于助人的神父，可能会获得大家的尊敬。可是在资产阶级社会，为人们赢得尊重的既不是知识，也不是美德，只能是资本所赋予的市场价值。传统的真善美的价值体系，已经被完全扭曲和瓦解了，面目全非。“我是什么和我能够做什么，绝不是由我的个人特征决定的。我是丑的，但我能够买到最美的女人。可见，我并不丑，因为丑的作用，丑的吓人的力量，被货币化为乌有了。我——就我的个人特征而言——是个跛子，可是货币使我获得二十四只脚；可见，我并不是跛子。……货币是最高的善，因此，它的占有者也是善的”[1]，资本可以任意地扭曲人们的传统价值观念，坚贞与背叛、爱与恨、德行与恶行、奴隶与主人、愚蠢和明智都在资本的作用下，可以进行任意扭曲和变化，失去了之前的客观普遍的标准。资本成为人间最大的整容大师和破坏者，它任性地混淆和替换着世间的一切事物，也混淆和替换着世间的一切价值。曾经被信奉的乐善好施的美德，在对资本的追逐之中，可能就会被嘲笑为疯子的行径。指鹿为马、黑白颠倒的事情，并不为奇。由此可以看出价值虚无导致的是价值的全部失序。

（3）资本不安分的扩张本性，阻塞了一切价值成为可能的现实条件。前资产阶级社会，无论是传统形而上学所设定的超验的本体，还是基督教的上帝，它们为人类提供的都是一个稳定的、持久的价值。从精神角度来说，在一定时期它可以帮助人们内心从流变走向安定、从孤独走向温暖、从无知和软弱切近强大与完满，尽管它所树立起来的这个终极价值是虚假的，但是它却在人们的心中稳定地存在着。可是到了资产阶级社会，资本作为新的、抽象的价值主体，就完全打碎了人类内心价值信仰的这种稳定性，而是让一切都处在永不安分的变动之中。这和资本的无限增值和扩张的本性有关，资本充满着无限的欲求，它的唯一的目的就是要不断地实现

[1] 《马克思恩格斯全集（第 3 卷）》，人民出版社 2002 年版，第 362 页。

自身的增值，衍生剩余价值，再将剩余价值积累为资本，这是一个无限循环、没有起点也没有终点的过程，那个提供持久动力的就是资本的无限增值的欲望。资本的这一特性，导致了资产阶级社会的生产无时无刻不处于变动和动荡之中，而这种变动和不安定构成了整个资本主义生产力的最大特征。马克思将这种不安分的变动描述为“一切固定的僵化的关系以及与之相适应的素被尊崇的观念和见解都被消除了，一切新形成的关系等不到固定下来就陈旧了。一切等级的和固定的东西都烟消云散了，一切神圣的东西都被亵渎了”[1]。资本的这种不安分的无限增值和扩张的欲望，在生活和生产中，表现为不断地创造价值，又不断地否定和摧毁创造出来的一切被称为价值的东西，继而再生产出新的有价值的东西。只有通过这种创造—摧毁—再创造—再摧毁的无限循环，资本才能实现自身扩张的欲求。“‘一切坚固的东西’——从我们穿在身上的衣服，到织出它们的织布机和纺织厂、操纵机器的男男女女、工人们所居住的房屋和小区、雇用工人的工厂和公司，一直到将所有这些人与物包括在内的城镇、整个地区乃至国家——所有这一切都是为了在明天被打破，被打碎、切割、碾磨或溶解制造出来的，因此它们能够在下星期就被复制或替换，而这整个过程能够一而再、再而三地、希望能永远为了获得更多的利润不断地继续下去”[2]。

资产阶级社会解构了人对人的依赖性，却在以物（即资本）的依赖性为基础上，重新塑造了人与人之间抽象的金钱关系。资本作为那个最高的价值实体和衡量一切的标准，就要求一切价值和意义都必须通过资本进行言说。就连现代社会中人的规定性也被迫来自资本。资本作为最高的价值标准，凌驾于一切现实的存在之上。所有价值的现实可能性与现实性都被窒息，所有价值都被迫在资本的同一性力量下转化为资本所设定的交换价值。在现代社会，评价事物的价值根据就发生了逆转。在资产阶级社会以

[1] 《共产党宣言》，人民出版社 1997 年版，第 30—31 页。

[2] 伯曼：《一切坚固的东西都烟消云散了：现代性体验》，徐大建等译，商务印书馆 2003 年版，第 127—128 页。

前，或许一个人会因为具有某种看似高尚的品德而获得嘉奖或尊重，但是到了资产阶级社会，评价的标准只有一个——是否具有交换价值，即是否是为资本服务的。没有经过资本中介的任何价值，都注定只能是一种边缘化的价值，因而也就是无意义的价值。生产的最终目的，是为了交换，从而为资本家获取价值利润。一切商品都被贴上“交换价值”的标签，资本成为衡量一切价值的标准。人和人的关系，也被奠基在货币、资本之上。在资产阶级社会里，一切的现实社会关系都变成了赤裸裸的金钱关系。因而，这样的个体独立是一种虚假的独立，人依然受抽象资本的统治。这样一种个体的独立，其实质乃是“以物的依赖性为基础的人的独立性”，不是人的真正的独立。在资产阶级社会里，个体生命价值并没有得到尊重和实现，因而不是人的价值真正的实现阶段。在资产阶级社会，“个人受抽象统治”是最大的时代特征。

资本逻辑的这一强权统治，体现在人们的意识领域，就是拜物教观念的泛滥。表现为三大拜物教：商品拜物教、货币拜物教和资本拜物教观念。所谓拜物教，指的是某物在人们心中占据着高位，像上帝一样被人们追捧和膜拜。因此，拜物教思想的本质，是“物”被“神圣化”。而这个“物”，在马克思看来，有个逐渐演化的过程——依次经历了从商品到货币，又从货币到资本的渐进过程。

（1）商品拜物教。在《资本论》第 1 卷第 1 章，马克思专门设置了“商品的拜物教性质及其秘密”一节。马克思指出，一个物品，在成为商品之前，可能只是一个很简单、很普通的东西，但是一旦成为商品后，它却变成了一个“很古怪的东西”，充满了拜物教的性质。马克思举了桌子的例子，桌子是我们身边普通、常见的东西，是可感、可用的东西，它占据一定空间，由一定材质构成。桌子从原来的木头变成现在的桌子，其中凝结着人类的劳动，是人类为了满足自身需要而生产出来的东西。构成桌子的木头并不是什么特殊的材料，木头变成桌子所凝结的劳动也是一种具体的、没有任何特殊性的劳动，所以这样的桌子理应是没有任何神秘性的，是最普通不过的。木头被制成桌子，对我们来说就具有了使用价值。马克思指出，桌子“一旦作为商品出现，就转化为一个可感觉而又超感觉的物了。它不仅用它的脚站在地上，而且在对其他一切商品的关系上用头倒立着，从它的木脑袋里生出比它自动跳舞还奇怪得多的狂想”[1]，“充满形而上学的微妙和神学的怪诞”[2]。为什么桌子，由最普通的木头、简单具体的人类劳动制成的桌子，在成为商品之后，就变得如此古怪和难以理解呢？马克思指出，商品作为一个二重性的存在，既具有使用价值，又具有价值；而商品之所以具有二重性，就在于资产阶级社会劳动所禀赋的二重性。劳动作为人的创造本性，本来是私人所特有的活动。但是随着资本主义市场经济的确立，人们通过劳动创造出来的物作为商品进入流通领域之后，劳动就由单纯的私人领域转向了公共领域，即劳动由有目的的特殊劳动转向了作为抽象的一般的社会劳动。商品的使用价值，或者是由物质自身所固有的，或者是因为凝结着人类的特殊劳动，这种生产使用价值的特殊劳动，在马克思看来是没有任何神秘性可言的。

成为商品的桌子，之所以充满形而上学的神秘性，就在于桌子所体现的一般劳动。这个一般劳动，体现的就是商品的形式规定性，也就是劳动产品的社会关系的形式。“随着劳动产品的有用性质的消失，体现在劳动产品中的各种劳动的有用性质也消失了，因而这些劳动的各种具体形式也消失了。各种劳动不再有什么差别，全都化为相同的人类劳动，抽象人类劳动”[3]。这种抽离掉具体的、有用性的抽象的一般劳动，就体现在商品的交换过程之中。而由于价值存在于不同的商品之中，商品是价值的特殊存在方式，所以衡量一个商品的价值标准，就在于将商品中所凝结的私人劳动，转换为一般的、抽象的社会劳动。也就是说劳动的价值，只能在商品交换过程中，只能通过商品体现出来，从而导致劳动的社会性质，即劳动

---

[1] 马克思:《资本论（第 1 卷）》，人民出版社 2004 年版，第 88 页。
[2] 马克思:《资本论（第 1 卷）》，人民出版社 2004 年版，第 88 页。
[3] 马克思:《资本论（第 1 卷）》，人民出版社 2004 年版，第 51 页。

所体现的人与人之间的关系，就直接体现为物与物的关系。商品拜物教思想得以建立。

对此，马克思批评了以往的经济学家总是把商品的价值，而不是使用价值，看作物所具有的内在性质，从而把价值错误地认作商品的物质属性。在资本主义的生产方式中，商品居于抽象的统治地位，而人处于商品的从属地位。工人生产的商品越多，他所创造出来的敌对的力量就越强大，商品的拜物教表现为一种“现实世界的宗教反映”[1]，“对于这种社会来说，崇拜抽象人的基督教，特别是资产积极发展阶段的基督教，如新教、自然神教等等，是最适当的宗教形式”[2]。马克思认为，只有在社会关系表现为人与人、人与自然之间的合理、明白的关系的时候，商品拜物教才是可以克服的；而要想揭掉商品拜物教的神秘面纱，则是一个非常艰难和漫长的过程。

马克思指出，由于商品形式是资本主义生产中最不发达和最一般的形式，商品拜物教就将人和人的关系表现为物和物的关系。这种颠倒和歪曲，具有简单性的外观，比较容易被识别出来。而货币拜物教，特别是资本拜物教则更加具有隐蔽性与欺骗性。

（2）货币拜物教。在马克思看来，资产阶级社会的拜物教，绝不单纯地体现为商品拜物教，在更深层次上体现为货币拜物教。马克思指出，尽管商品有着五光十色的使用价值，但是无法单纯基于使用价值来给商品定价。基于普遍性的交换的需要，商品的价值需要采用一个共同的价值形式，人类找到的是“货币”。货币取代了商品，成为“社会的抵押品”，也一跃成为拜物教中的“新神”。

相比于商品拜物教，货币拜物教更为复杂。因为在货币拜物教中，由自然物质金银来充当货币。而金银“作为货币代表一种社会生产关系，不

[1]　马克思：《资本论（第1卷）》，人民出版社2004年版，第97页。

[2]　马克思：《资本论（第1卷）》，人民出版社2004年版，第97页。

过这种关系采取了一种具有奇特的社会属性的自然物的形式”[1]。金银作为一种自然物，并非天然就是货币，只是在一定的关系下，被人类用于充当货币。在商品拜物教阶段，商品和商品之间可以直接进行交换，所以物与物之间的关系，以及物与物之间的关系下的人与人之间的关系也比较清晰。但是到了货币拜物教阶段，商品与商品之间的交换必须通过货币这一中介来实现和完成。这指的是，在流通领域存在着两个环节：商品 A 必须先转换成货币，然后再由货币转换成商品 B。在此期间，货币充当了一般等价物的职能，连接着用于交换的物与物。

马克思指出，商品作为价值的承载体，源于商品之中凝结着人类的物化劳动。劳动又可以进一步分为具体劳动和一般劳动。具体劳动，指的是某一个人当下生产某一商品所消耗的劳动量。而一般劳动，则是指社会生产这类商品所需要耗费的平均劳动量。正是由于一般劳动的存在，意味着不同商品之间的劳动量是可以通约的，这就为货币的出现提供了现实性与可能性。“货币作为价值尺度，是商品内在的价值尺度即劳动时间的必然表现形式”[2]。在马克思看来,交换领域的货币形式是一种“观念或想象的形式”[3]。在进行商品交换的过程中，虽然理论上需要两个过程:从商品 A 转换为以金银形式存在的货币，再从金银形式存在的货币转换为商品 B。但是在实际的交换过程中，并不需要商品转换为作为自然客观物而存在的实在的金银，而只需用金银的价值尺度来衡量商品的价值。与商品拜物教阶段依赖的是具体的、真实存在的商品不一样，在货币拜物教阶段，货币则以想象的方式在发挥着自己的职能。与商品直接用于交换不同，货币只是充当媒介和衡量标准。

但是马克思也强调，决定商品价值的，并不是货币的价值，而是实实在在的货币的材料。马克思指出，金银作为价格的标准，一方面是通过

[1] 马克思:《资本论（第 1 卷）》，人民出版社 2004 年版，第 101 页。
[2] 马克思:《资本论（第 1 卷）》，人民出版社 2004 年版，第 114 页。
[3] 马克思:《资本论（第 1 卷）》，人民出版社 2004 年版，第 115 页。

金量、银量来衡量的，这是依赖金银成为货币之前自身就具有的重量标准，因而此时货币承担的是价格的标准，它需要实实在在的金银；另一方面，货币又承担着衡量人类劳动的价值尺度，此时货币的职能集中于流通领域，并不需要实实在在的货币，而是需要通过观念的货币，将所有处于流通领域的商品的价值转化为价格，从而进行交换和消费。因它在流通领域发生作用，就会出现问题，当人们进行以货币为媒介交换的时候，能把握到的关系就都是和货币的关系了，也就是一种物的关系，人和人之间的现实的关系就都被掩盖住了。一切商品必须通过货币的中介才能实现和完成，“物的名称对于物的本性来说完全是外在的。即使我知道一个人的名字叫雅各，我对他还是一点不了解。同样，在磅、塔勒、法郎、杜卡特等货币名称上，价值关系的任何痕迹都消失了”[1]。而商品拜物教阶段，起码人们还可以看到商品所凝结的人类的劳动，进行交换的目的，就是商品主人通过商品的让渡，来换取另一种人类劳动的成品。但是在货币拜物教阶段，货币则将这种人与人之间的关系全部掩盖住，将自己树立为交换和流通领域的大写的“人”。马克思是如此评价资产阶级社会的货币的：“一切东西，不论是不是商品，都可以转化成货币。一切东西都可以买卖。流通成了巨大的社会蒸馏器，一切东西抛到里面去，再出来时都成为货币的结晶。连圣徒的遗骨也不能抗拒这种炼金术，更不用说那些人间交易范围之外的不那么粗陋的圣物了”[2]，“正如商品的一切质的差别在货币上消灭了一样，货币作为激进的平均主义者把一切差别都消灭了”[3]。在货币面前，商品与商品、人和人之间的一切差别都被抹杀了，私人劳动的性质和领域都已经被遮盖，一切都被置换为抽象的社会劳动，由货币进行估算。货币本来的中介作用，被货币的绝对话语权所掩盖。如果说在商品拜物教阶段，商品是价值的特殊存在方式，价值存在于不同的商品之中，那么，到了货

[1]　马克思：《资本论（第1卷）》，人民出版社2004年版，第121页。
[2]　马克思：《资本论（第1卷）》，人民出版社2004年版，第155页。
[3]　马克思：《资本论（第1卷）》，人民出版社2004年版，第155页。

币拜物教阶段，价值就表现在货币这个一般性的存在方式之中，货币掩盖了在商品中所体现出来的那种差异性，货币成为衡量一切价值的标准。货币拜物教最终傲然挺立。

（3）资本拜物教。商品拜物价和货币拜物教是资本主义生产方式中较为明显的两种拜物教形式，但还不是最抽象和最复杂的拜物教形式。在马克思看来，资产阶级社会发展到极致的拜物教形式为“资本拜物教”。

马克思认为，商品流通构成了资本产生的历史前提，而货币则构成了资本的最初形式，资本最开始出现的时候，代表的是与地产相对立的资本财富。在现实的经济活动中，资本必须要以货币这种形式表现出来，然后再经由货币转化为资本。马克思已经提到了以货币为媒介的商品交换的一种普遍的形式：商品—货币—商品（W—G—W），他将这种流通方式解读为“为买而卖”的方式。但是马克思又指出，在流通领域还存在着另外一种流通方式，即货币—商品—货币（G—W—G）的模式，也就是他所说的“为卖而买”的阶段。马克思认为在“为买而卖”的流通方式中，货币最终是以被消费的形式结束的，这一环节的最终目的是商品的消费或被用来满足某一需要；但是在“为卖而买”的流通方式中，作为最后一个环节而存在的，并非是用于消费或用来满足需要的商品，而是货币。以商品为媒介，从货币到货币，但后边那个货币已经不再是前边的货币，而成了一种新的货币，即生息货币。在马克思看来，这种生息货币就是资本。这种“为卖而买”的流通方式，是一场从货币到货币的资本无限增值的过程。这种流通模式处于不断地循环之中，最终目的是为了没有止境地实现资本的增值，因而它处于无限的循环之中。作为前一个环节的终结环节的货币，又成了下一个环节的开始环节的货币，由此马克思得出结论，资本的运动“已经是没有止境的了”[1]。

马克思进一步指出，如果说在“为买而卖”的流通方式中，人们追求

[1] 马克思：《资本论（第1卷）》，人民出版社2004年版，第177页。

的仍然是商品的使用价值的话，那么到了“为卖而买”的流通方式中，对资本增值的追求便成了最终的目的，并且是没有限度的。在商品或货币拜物教阶段，无论是商品形式还是货币形式，都存在于人们的流通活动之中，商品只是价值的特殊表现形式，而货币是价值的一般表现形式。一旦这种交换活动终止，商品形式或货币形式就会失去自身的神话地位。因而此时商品的价值，仍是以商品或货币为载体的。但是在“为卖而买”无限循环产生资本的过程，资本就俨然成了这个过程中的主体和动力。它通过商品形式和资本形式的不断替换而循环发展，创造出了剩余价值，从而不断地实现着自身的增值和扩张。与商品形式和货币形式比起来，资本以一种更麻痹和不着痕迹的方式，彻底掩盖住了人与人之间的关系，并将一切的关系都转化为同资本的关系。资本把一切都转化为实现自我增值的工具，从而导致整个社会关系呈现出一种物化的关系。资本成为衡量一切的标准，诚如马克思说的：“在资本—利润（或者，更恰当地说是资本—利息）、土地—地租、劳动—工资中，在这个表示价值和财富一般的各个组成部分同其他各种源泉的联系的经济三位一体中，资本主义生产方式的神秘化、社会关系的物化、物质生产关系和它们的历史社会规定性的直接融合已经完成：这是一个着了魔的、颠倒的、倒立着的世界。在这个世界里，资本先生和土地太太，作为社会的人物，同时又直接作为单纯的物，在兴妖作怪”[1]，并且由于资本这种无限的自我增值和扩张的能力，使得只要资本和货币存在，这个“为卖而买”的流通过程，就会永远循环下去，它似乎拥有无穷的动力，因而资本比货币、商品拥有更加稳固和长久的拜物教性质。相比较于商品或货币，资本的神圣形象更加完善和强大，更加具有蒙蔽性，一切都被资本所掩盖和扭曲。

以上就是马克思所揭示出的在资本逻辑的抽象统治下，资产阶级社会里肆虐横行的三大拜物教观念。我们可以看到，无论是商品拜物教、货币

[1] 马克思：《资本论（第3卷）》，人民出版社2004年版，第940页。

拜物教，还是资本拜物教，其共同的特征就在于将人的现实的社会关系转化成一种抽象的物的关系，从而造成现代社会“只见物不见人”的怪相，造成了人对物的依赖，并导致人的现实价值被物的价值所掩盖。

马克思把握到了现代性所蕴含的深层的双重逻辑——资本与形而上学的联姻，对人的全面的抽象统治，找到了现代社会造成人类价值走向虚无主义的那种抽象的物质力量和颠倒的社会关系，挖掘出了现代社会价值走向虚无主义的现实根源。马克思认为造成现代社会价值虚无主义的原因，从理论上说根源于形而上学，但是在形而上学背后，还隐藏着一个更基础的现实原因——现代社会资本逻辑对人的抽象统治。在资产阶级社会，资本和形而上学达成了秘密的共谋，用同一个抽象同一性的原则，遏制和否定人的生命价值和意义。

因而在马克思看来，要想真正克服现代性的价值危机问题，就不能仅仅对形而上学这一理论形态进行批判，还要瓦解作为形而上学现实基础的资产阶级社会这一社会历史条件。将对形而上学的理论批判和对形而上学的社会历史条件的批判有机联系起来，从而最终使抽象的统治力量无处遁匿。这就是马克思所开创出的克服现代性、实现现代价值救赎的一条新的、独特的道路——形而上学的社会历史批判之路，它要求“把对资本世界本身的原理的批判同近代以来的西方哲学传统的批判内在关联起来”[1]。

[1] 吴晓明、王德峰：《马克思的哲学革命及其当代意义》，人民出版社 2005 年版，第 6 页。

# 第四章

# 马克思克服价值虚无主义的革命性道路

现代性在带来人类社会发展与进步的同时，也造成了严重的人类生存危机，其中，价值虚无主义就是一个重大的现实问题。尼采指出上帝之死后，随着“最高价值的自行贬黜”，人类坠落于虚无主义的深渊。海德格尔将这种状态描述为现代人“无家可归状态”。哲学家普遍意识到，现代人的生存困境，以及价值虚无主义的产生与扩大化，皆与形而上学有着密切关系。海德格尔就曾指出，形而上学的本质就是虚无主义，“虚无主义的本质领域和发生领域乃是形而上学本身”，“形而上学作为形而上学乃是本真的虚无主义”[1]。因此，与形而上学决裂已经成为现代哲学的一个重大标志性事件。反形而上学、拒斥形而上学、终结形而上学等的呼声此起彼伏。如何终结形而上学，将人类从价值虚无主义的困境之中解放出来呢？现代哲学家做出了很多努力，并展开了激烈的辩论。在反形而上学的态度上，马克思与现代哲学家拥有一致的立场，但是在终结形而上学的具体道路上，马克思却走出了不同于以往的新路径。批判与反思，是马克思哲学的内在精神；对现实的关注，是马克思哲学的核心与旨趣。马克思认为现在性的双重逻辑表现为：在精神领域，形而上学占据统治地位，牢牢控制着人们的思想；在现实领域，资本封神，作为“最高价值”的象征，通过资本逻辑实现对人的抽象统治。因而，马克思认为要想将形而上学连根拔起，就必须要同时完成对形而上学的理论批判和对形而上学的社会历史批判。形而上学的社会历史批判，是马克思开创的全新的形而上学批判方法与视域，标志着马克思实现了自身的哲学革命，体现了马克思哲学的创造

[1] 海德格尔：《尼采（下卷）》，孙周兴译，商务印书馆 2010 年版，第 1036 页。

性与革命性，“马克思在存在论基础上所发动的哲学革命，不仅特殊地超越了黑格尔哲学和费尔巴哈哲学，而且一般地颠覆了整个柏拉图主义，换言之，终结了全部形而上学”[1]。

## 一、揭示现代性的双重逻辑

马克思认为现代性的双层逻辑就是主体形而上学的在场与资本对现实世界的抽象统治，并且两者之间达成了可怕的共谋。形而上学为资本实现自身的抽象统治提供理论依据和形式规定，使其具有合法化的假象；而资本又为形而上学的现实运作提供了世俗基础，让形而上学思想获得现实的“安身”之所。“这种双重的经纬，方始成为一种现实性的力量；就像这种力量一方面来自资本之无止境的推动性一样，它也来自现代形而上学之无止境的谋划”[2]。资本与形而上学的共谋这一社会历史现实，最终导致了个人受抽象统治和人类价值走向虚无主义的现实困境与生存危机。

### （一）资本的形而上学本性

“资本”是马克思哲学中的一个重要概念，是马克思哲学关注现实的一个重要的突破口。马克思历时40多年完成的惊世之作《资本论》就是以“资本”命名的。马克思正是通过研究资本、批判资本，通过揭示资本的秘密，找到了社会历史发展的那把关键性的“钥匙”。而资本的形而上学本性，体现在多个方面：

[1] 哈贝马斯:《后形而上学思想》，曹卫东等译，译林出版社2001年版，第28页。
[2] 卢卡奇:《历史与阶级意识》，商务印书馆1996年版，第143—144页。

（1）资本的形而上学本性，体现在资本是一种颠倒的社会关系。与英国古典政治经济学家将资本视作一种单纯的物质财富不同，在马克思这里，资本被赋予了特殊的内涵与能力。马克思批评他们“只看到了资本的物质,而忽视了使资本成为资本的形式规定”[1]。正是在“形式规定”之下，资本的角色与功能发生了变革。资本，并非仅仅是用于社会再生产的生产资料，而是体现着丰富的社会关系。只不过这种社会关系是以一种颠倒的形式，去呈现人与自然、人与人、人与世界的关系。在现实世界被创造出来，用于人类生产再生产的资本，被颠倒成为重塑人生价值、实现人生意义的“终极根据”，此时资本完成了从“物”向“资本的人格化”的转化。正是对这一核心问题的把握，马克思揭示出了现代社会个人受抽象统治的命运。正如资本颠倒了资本世界与真实世界的关系，形而上学也颠倒了超验世界与人的现实世界的关系。

（2）资本的形而上学本性，体现在资本被当作是资产阶级社会的“普照的光”和“特殊的以太”。“在一切社会形式中都有一种一定的生产决定其他一切生产的地位和影响，因而它的关系也决定其他一切关系的地位和影响。这是一种普照的光，它掩盖了一切其他色彩，改变着它们的特点。这是一种特殊的以太,它决定着它里面显露出来的一切存在的比重”[2]。这里，资本的地位等同于传统哲学的“终极存在”和基督教中的上帝，带有了强制性、普遍性与绝对性。马克思所处的时代，是资本的时代，是资本取代上帝成为最高价值，从而造成只见资本不见人的时代。在资产阶级社会，任何事物及其价值，都必须被资本所规定，为资本服务。这里，体现了形而上学思维方式的“绝对主义”原则。

（3）资本的形而上学本性，体现在同形而上学一样用“二元对立”的思维方式和“同一性”的抽象原则，牢牢控制着这个世界。“在资产阶级的世界里，最绝对可靠的出发点正是资本的同一性，资本的同一化的过程

---

[1] 《马克思恩格斯全集（第 46 卷上）》，人民出版社，1979 年版，第 212 页。

[2] 《马克思恩格斯全集（第 30 卷）》，人民出版社 1995 年版，第 48 页。

与怀抱包罗万象的笼而统之的哲学的企图在本质上是一样的，形而上学是打在资本的额头上的该隐的记号”[1]。马克思指出，“资本不是物，而是一定的、社会的、属于一定的历史社会形态的生产关系，它体现在一个物上，并赋予这个物以特有的社会性质。资本不是物质的和生产出来的生产资料的总和”[2]。资本作为资本主义生产关系的显现，是一种带有同一性和强制性的现实力量。它要求人们将资本当作这个世界的最高价值和唯一价值，所有的存在与所有的社会关系，都必须通过资本设定的交换价值予以衡量。“在这里，人的发展采取了物的发展形式，人类历史不再是人本身的历史，而是资本发展的历史”[3]。资本作为抽象统治的力量，强制性地将现实的人及其一切都纳入自己的“物”的价值体系之中，要求所有的价值都必须表现为交换价值，包括人的生命价值与意义。这里，体现了形而上学“总体主义”的原则。

资本在现代社会的这种强力统治和抽象的霸权主义表现在现实世界，就是资本作为一种抽象性的社会统治力量，通过资本逻辑的现实运作，来实现对现实世界的统治与束缚的。“资本逻辑”的抽象统治成为现代性的鲜明特征，也成为现代人的普遍的命运。而资本的这种统治性，在现实中，是通过“死”的劳动对“活”的劳动的统治来完成的。“活动是受动；力量是无力；生殖是去势；工人自己的体力和智力，他个人的生命，……是不依赖于他、不属于他、转过来反对他自身的活动”[4]。通过人的劳动，“资本”实现增值的同时，却使人变得更加贫穷而匮乏，人“变得如此愚蠢而片面，以致一个对象，只有当它为我们拥有的时候，就是说，当它对我们来说作为资本而存在，或者它被我们直接占有，被我们

[1] 张一兵、蒙桂木：《神会马克思：马克思哲学原生态的当代阐释》，中国人民大学出版社 2004 年版，第 118 页。

[2] 《马克思恩格斯选集（第 2 卷）》，人民出版社 2012 年版，第 644 页。

[3] 张一兵、蒙木桂：《神会马克思：马克思哲学原生态的当代阐释》，中国人民大学出版社 2004 年版，第 124—125 页。

[4] 马克思：《1844 年经济学哲学手稿》，人民出版社 2000 年版，第 55—56 页。

吃、喝、穿、住等等的时候，简言之，在它被我们使用的时候，才是我们的”[1]。

（4）资本的形而上学本性，体现在资本力图超越自身的“物”的局限性，将自身塑造成为一种永恒的在场与统治力量。马克思指出，资本“是一定的、社会的、属于一定的历史社会形态的生产关系”，但是资本并不满足于这一现状，而是试图将其自身变成普遍的、永恒的存在，从而永远维护其在现实世界的统治地位。在这个意义上，“历史走向了终结”。马克思称之为资本的“成神似的自恋”。这体现了形而上学的“非历史主义”的思维方式。

资本自诞生之日起，就与形而上学发生着纠葛，秘密达成了合谋。资本能够从最开始的以“物”的形式存在的“生产资料”，转变为“一种颠倒的社会关系”，并演化为“资本的权力化”，实现资本逻辑对世界的抽象统治，其实质是资本对形而上学抽象统治力量的复制，形而上学为资本实现自身的抽象统治提供了理论依据和形式规定。而资本又为形而上学的现实运作提供了世俗基础，让形而上学思想获得现实的“安身”之所。

## （二）形而上学的资本本性

通过对西方形而上学历史谱系的研究，形而上学的发展大致历经了三个阶段，分别是：古希腊时期的“本体论”形而上学，中世纪的“神学论”形而上学，以及近代的“主体性”形而上学。中世纪的“神学论”形而上学，用“上帝”取代了“本体论”形而上学的“终极根据”，而近代的“主体性”形而上学，则用“理性主义”打败了“神学论”形而上学之中的“上帝”。

---

[1] 马克思：《1844年经济学哲学手稿》，人民出版社2000年版，第85页。

马克思哲学在对形而上学的历史谱系研究之中，将形而上学的批判矛头指向了近代形而上学，并通过对黑格尔哲学的历史性批判与反思，认清形而上学产生的实质，找到形而上学存在的现实基础。马克思指出，形而上学，作为一种抽象的思维方式，是关于现实抽象力量和抽象统治的理论表征。“意识在任何时候都只能是被意识到了的存在，而人们的存在就是他们的现实生活过程”[1]，古希腊时期的“本体论”形而上学与中世纪的“神学论”形而上学之所以存在，是因为在现实生活中，存在着统治着人们的现实力量。在现实领域，表现为宗法、权力凌驾于人之上；在思想领域，就表现为“抽象存在”对现实的抽象统治。

形而上学的根源，在于现代社会存在着抽象的力量，而形而上学是这种抽象力量的理论表达。随着资产阶级社会宗教革命和政治解放的完成，资产阶级社会里的人依然无法摆脱“受抽象统治的命运”，形而上学的思维方式仍然在思想领域占据着主导权，这源于社会历史中出现了现实的统治力量——资本。近代形而上学的“强制性”与“同一性”思维原则，通过资本这一现实的社会历史存在物，获得了合法性的历史地位，并将现实的一切关系与价值追求，都塑造成以资本为媒介的关系，以资本为最高追求的价值体系。“形而上学的资本本质在于，一切现代意识形态都服从和服务于资本生产，它们既是资本的自我意识，亦是资本的权杖”[2]。形而上学与资本的共谋，使得形而上学对人的统治，是通过现实生活中资本对人的统治来实现和完成的。在这个意义上，“形而上学本质上就是资本形而上学”[3]。

“真理的彼岸世界消逝以后，历史的任务就是确立此岸世界的真理。人的自我异化的神圣形象被揭穿以后，揭露具有非神圣形象中的自我异

[1] 《马克思恩格斯文集（第 1 卷）》，人民出版社 2009 年版，第 525 页。

[2] 王善平：《现代性：资本与理性形而上学的联姻》，《哲学研究》2006 年第 1 期。

[3] 俞吾金：《资本诠释学——马克思考察、批判现代社会的独特路径》，《哲学研究》2007 年第 1 期。

化，就成了为历史服务的哲学的迫切任务。于是，对天国的批判变成对尘世的批判，对宗教的批判变成对法的批判，对神学的批判变成对政治的批判”[1]。马克思认为要想将长期被压抑与遮蔽的现实的人的生命价值从抽象的统治下解放出来，就不仅需要对形而上学进行理论批判，反对主体形而上学思维方式对现实的人的生命的遮蔽，从而将人们关注的核心从超感性的世界转向人的现实世界；还要揪出隐藏在形而上学背后的、造成现代社会人类价值危机的那个更根本、更核心的要素——资产阶级社会中资本逻辑对现实的人的抽象统治。通过对形而上学的“尘世肉身”——资本——的批判与反思，也就是对作为抽象统治力量的资本和资本所反映的资本主义生产关系的批判与反思，揭示出使现代社会人类价值虚无的现实的抽象力量及其背后所彰显的那种颠倒的社会关系，从而使人们以现实的实践活动方式去彻底根除抽象的力量对人的生命价值的统治与扼杀。哲学家都在解释世界，而问题在于改变世界。对现实社会资本抽象统治批判，在逻辑上优先于对形而上学的理论批判。消灭现实的资本对人造成的抽象统治，是彻底瓦解形而上学的前提和必要条件。

在《哲学的贫困》一书中，马克思就曾经这样说过，“如果说有一个英国人把人变成帽子，那么，有一个德国人就把帽子变成了观念”[2]。马克思认为，我们既要反对把帽子当成观念的那种以黑格尔为代表的唯心主义形而上学，又要反对把人变成帽子的那种李嘉图式的抽象的政治经济学，只有这样才能把人还给人自身。可以看出，马克思探寻解决现代性背景下人类价值危机的道路，不再是一个纯粹的哲学问题，而是一个哲学和政治经济学的问题。它既是一个理论问题，更是一个现实问题。对以黑格尔哲学为代表的形而上学的批判和对古典政治经济学的批判研究是紧密联系在一起的，这样，马克思就以更加科学的方式和更加开阔的视野，找到了解决现代性背景下人类价值危机和生存困境的现实之路——形而上学的

[1] 《马克思恩格斯文集（第 1 卷）》，人民出版社 2009 年版，第 4 页。
[2] 《马克思恩格斯选集（第 1 卷）》，人民出版社 1995 年版，第 136 页。

社会历史批判之路，完成了形而上学批判的哲学革命，终结了形而上学的历史。

## 二、从形而上学的理论批判到形而上学的社会历史批判

形而上学的社会历史批判，是马克思的创造性成果。关于现代哲学家对形而上学的拒斥和反抗，一方面马克思肯定了他们的成果，现代哲学家完成了解放的第一个环节——“思想解放”与“政治解放”，破除了虚假意识对人的抽象统治；另一方面，马克思认清了现代哲学家永远无法彻底摆脱形而上学的真相与现实，他们在解放的第二个环节，也就是“人的解放”面前戛然而止、裹足不前。现代哲学家反形而上学的运动，普遍停留于思想领域。现在看来，包括后来的尼采与海德格尔也面临同样的问题。因此，在马克思的理论视角看来，只是聚焦并完成了形而上学理论批判的现代哲学家，不仅无法彻底终结形而上学，反而落入形而上学的窠臼，发展出更加极端的形而上学。要想彻底解决现代人价值虚无主义的困境，彻底完成对形而上学的终结，真正迎来后形而上学时代，就必须同时完成形而上学的理论批判和形而上学的社会历史批判。马克思认为通过形而上学的理论批判，可以破除虚幻对人的统治与遮蔽，将人们从对超验世界的仰慕，转向对现实的人及其命运的关注，并开始以“人”的视角去看待人自身以及人与世界的关系；而通过形而上学的社会历史批判，则可以让我们深入社会历史现实之中，去研究和揭示人的现实生存境遇，找到现实生活中统治与剥削人的“恶”的因素，从而改变现代人的生存困境，探求人的“现实”价值何以可能。形而上学的社会历史批判，相较于形而上学的理论批判，是更基础、更重要的，具有逻辑上的先在性。马克思认为，只有完成形而上学的社会历史批判，才能真正终结形而上学的历史，解决价值虚无主义问题。

## （一）形而上学的理论批判

形而上学，一直是西方哲学中占据主流的意识形态，柏拉图的哲学唯心论思想可以认为是“形而上学思想”。在现实领域，也曾对人类社会历史现实和现代人的生存命运产生重要影响。在其历史发展过程中，形而上学形成了一种独特的思维方式。“任何地方都把观念当作主体，而把本来意义上的现实的主体……变成谓语”[1]。形而上学人为地造成现实世界和超验世界的分离，用概念建构起脱离人的超验世界，并将超验世界的“终极存在”当作解释和规定现实世界存在的原则与根据，也注定了人类生存的悲剧。批判与反思形而上学，成为现代哲学最重要的哲学主题，也成为哲学家关心与研究的热点问题。如何彻底终结形而上学思维方式对人的抽象统治？哲学家展开了积极的探索与热烈的辩论。直面形而上学，可以说是现代哲学无法回避的“思想”与“时代”的命运。马克思作为现代性的时代“同路人”，作为现代性最深刻的“遭遇者”与“反思者”，对形而上学的批判，成为其哲学的应有之义和重要内容。“形而上学者认为进行抽象就是进行分析，越远离物体就是日益接近物体和深入事物。这些形而上学者说，我们世界上的事物只不过是逻辑范畴这种底布上的花纹；在他们自己看来，这种说法是正确的。哲学家和基督教徒不同之处正是在于：基督徒知道逻各斯的化身，不管什么逻辑不逻辑；而哲学家那里则有无数这种化身。既然如此，那么一切存在物，一切生活在地上和水中的东西经过抽象都可以归结为逻辑范畴，因而整个现实世界都淹没在抽象世界之中，即淹没在逻辑范畴的世界之中”[2]。马克思的观点同尼采关于形而上学历史的谱系研究一致，认为西方形而上学，肇始于柏拉图，一直延续到德国古典

[1] 《马克思恩格斯全集（第 3 卷）》，人民出版社 2002 年版，第 14 页。
[2] 《马克思恩格斯全集（第 4 卷）》，人民出版社 1958 年版，第 141 页。

哲学时代。相比较于古希腊或者中世纪时期的形而上学，近代形而上学是更加高级与极端的，更加具有代表性，也是与现代人最为密切的形而上学发展阶段。马克思所批判的形而上学，主要近代形而上学。马克思认为，发轫于笛卡尔的近代形而上学，到黑格尔那里发展到了极致。形而上学的主体，也从开始的“主体理性”最终膨胀为“绝对精神”。黑格尔哲学是近代形而上学发展的极致表现，也是形而上学历史的集大成者。因而，对形而上学的批判，可以集中于对黑格尔哲学的批判。完成对黑格尔哲学的批判，就实现了对黑格尔哲学之前（包括黑格尔哲学）全部形而上学的清算。

马克思在批判黑格尔哲学的时候，并没有武断地将黑格尔哲学看作一种僵死的形而上学来对待，而是看到了黑格尔形而上学思想中的强大的辩证逻辑，把握到了黑格尔哲学优越于其他形而上学哲学的历史感与逻辑性。黑格尔的辩证法以逻辑的方式展示了资产阶级社会的现实运动，并找到了其运动的客观规律。作为一种哲学，黑格尔的思辨形而上学与现实紧密相关。但是由于受形而上学思维方式的影响，黑格尔所研究的资产阶级社会的现实运动及运动规律，虽然具有辩证性，却最终要通过“绝对精神”的运动来展示。黑格尔对社会历史现实的研究，就具有了形而上学性和唯心主义的特征，因而无法实现对现实的真正理解，也就不可能真正地解决现实问题。

在马克思看来，对黑格尔哲学的批判意义重大，既是对“现实所作的批判性分析，又是对迄今为止的德国政治意识和法意识的整个形式的坚决否定”[1]。因此，批判与反思黑格尔哲学成为马克思哲学的一个重要维度与内容，甚至可以说，马克思正是在对黑格尔哲学的批判与反思中，创造性地建立了自己的历史唯物主义理论，实现了哲学的真正革命：将哲学的目光，从“形而上”拉到“形而下”；将哲学研究的主题，从“抽象的精

---

[1] 《马克思恩格斯文集（第 1 卷）》，人民出版社 2009 年版，第 10 页。

神”转向“现实的人”；将哲学的思维方式，从“唯心主义”转到“唯物主义”。

事实上，马克思对黑格尔哲学的批判和超越，是一个漫长又渐进的过程，伴随并贯穿于马克思整个思想的形成与发展全过程。甚至可以说，马克思批判黑格尔哲学的历史就是马克思哲学的形成史。正是在对黑格尔哲学不断深入研究的过程中，马克思摸索到了形而上学的本质——“一种颠倒了的思维方式”，黑格尔哲学作为“发展到极致”的形而上学，颠倒了现实和理论的关系。马克思认为自己哲学的任务，就是要将被形而上学颠倒的世界重新颠倒过来。

马克思关于形而上学的批判意识，最早萌芽并体现在他的博士毕业论文《论德谟克利特的自然哲学和伊壁鸠鲁的自然哲学的差别》之中。尽管当时马克思还没有自觉地意识到要把形而上学当作自己哲学批判的目标，但是他对现实或天命的反叛精神则通过伊壁鸠鲁的“原子的偏斜运动”已表露无遗。在这篇论文中，青年马克思对伊壁鸠鲁的自然哲学和德谟克利特的自然哲学进行了比较研究，从而颠覆了之前哲学界关于伊壁鸠鲁原子学说的错误定位，高度肯定了伊壁鸠鲁关于原子自动偏斜运动学说的深刻意义。德谟克里特和伊比鸠鲁都承认原子在虚空中运动，认为存在着原子的直线下落运动；以及由于许多原子的互相排斥而引起的运动。但是两者在关于原子偏离直线运动的解释上产生了分歧。德谟克利特认为原子在直线下落的过程中之所以会发生偏斜，是由于原子之间的相互排斥。这种排斥的作用力，是作为一种“强制性”的外力而存在的，进而推动了原子的运动。所以，原子偏离直线的运动，就是一种“非独立的运动”，因而是不自由的。德谟克利特的这一观点，在当时得到了许多哲学家的认可与支持。伊壁鸠鲁却则提出了截然相反的意见。他拒绝将原子的偏斜运动仅仅归结为是由原子之间的相互排斥造成的。在他看来，原子直线下落中偏斜的动力只能来自原子的内部。原子偏离直线的运动，正是自由得以实现的过程，是原子基于自身挣脱必然性命运的自由追求。伊比鸠鲁的这种解释，在当时为他招来了诸多非议，也使他承受了很多批评。但是，马克思却对他的思想给予了充分的肯定。马克思在伊壁鸠鲁的启发下，将关于原子偏离直线运动的研究，进一步转化为对人的自由问题的思考。马克思认为，要想成为一个真正的“自由人”，就必须像原子挣脱直线一样，人们通过自己的个人意志自由主动地去摆脱抽象对人的统治。这是马克思关于形而上学“同一性”思想的最初反思，为他以后与黑格尔哲学的决裂，走向反黑格尔哲学道路，完成自身哲学从形而上学向政治经济学的转向，奠定了重要基础。

1843 年，马克思在莱茵省的克罗茨纳赫完成了《黑格尔法哲学批判》，又称《克罗茨纳赫手稿》。作为马克思最早公开批判黑格尔哲学的著作，标志着马克思与黑格尔哲学的决裂。在《黑格尔法哲学批判》这本书里，马克思集中对黑格尔关于市民社会与国家的理论作了批判，揭示了黑格尔哲学的思辨本性。实际上“家庭和市民社会都是国家的前提，它们才是真正活着的;而在思辨的思维中，这一切却是颠倒的”[1]。在黑格尔看来，资产阶级社会是分裂的，表现在现实生活中，就是市民社会与国家的分裂。在他看来，国家与市民社会，在人们的生活中扮演着不同的角色，呈现不同的特征。市民社会作为“个人私利的战场，是一切人反对一切人的战场”[2]。由于它的趋利性和斗争的本质，决定了在市民社会，人们不可能获得真正的普遍性和自由。黑格尔认为国家是最高伦理实体，代表着最高的善。国家高于市民社会，是市民社会的最高目的和最终归宿。他呼吁，市民社会需要完成向国家的复归。黑格尔强调：“自在自为的国家就是伦理性的整体，是自由的现实化；而自由之成为现实乃是理性的绝对目的。国家是地上的精神，这种精神在世界上有意识地使自身成为实在，至于在自然界中，精神只是作为它的别物，作为蛰伏精神而获得实现。只有当它现

[1] 《马克思恩格斯全集（第 3 卷）》，人民出版社 2002 年版，第 10 页。
[2] 黑格尔：《法哲学原理》，范扬译，商务印书馆 1961 年版本，第 309 页。

存于意识中而知道自身是实存的对象时，它才是国家。”[1] 马克思指出，黑格尔将国家作为最高的理性与伦理实体，统治着现实的人所生存的市民社会，其背后所彰显的正是一种形而上学的思维方式。国家作为一种来源于社会现实的“形而上”的实在，却颠倒了与市民社会的关系。其作为市民社会发展的产物，却反过来规定和否定了现实的市民社会，这就是黑格尔哲学作为形而上学思维方式所导致的必然结果。不是国家决定市民社会，应该是市民社会决定国家。于是马克思将批判的矛头对准黑格尔的国家观，批评黑格尔“不是用逻辑来论证国家，而是用国家来论证逻辑”[2]，国家和市民社会之间的现实关系，在黑格尔那里变成了思辨的精神运动。在那里，真实的东西成了观念的东西，观念的东西反而穿上了真实的外衣。马克思认为，与其停留于对观念的研究，不如深入社会历史现实中去。这就为马克思哲学摆脱形而上学，走向政治经济学批判，提供了重要的理论基础。

在《1844 年经济学哲学手稿》中，马克思专门撰写了《对黑格尔的辩证法和整个哲学的批判》来批判黑格尔的辩证法，他一方面肯定了黑格尔辩证法中所蕴含的批判性和革命性的力量，高度评价了黑格尔《精神现象学》的理论成果。“黑格尔的《现象学》及其最后成果——辩证法，作为推动原则和创造原则的否定性——的伟大之处首先在于，黑格尔把人的自我产生看作一个过程，把对象化看作非对象化，看作外化和这种外化的扬弃；可见，他抓住了劳动的本质，把对象性的人、现实的因而是真正的人理解为他自己的劳动的结果”[3]。这是哲学史上的重大突破。但是马克思同时又指出，黑格尔哲学之中关于劳动的思想，则是以思辨的形式表达出来的。黑格尔看到了劳动的辩证运动，并认识到这种运动在事物产生发展中所起到的作用。但是在黑格尔哲学那里，劳动并非真实的运动，而是自我

---

[1]　黑格尔：《法哲学原理》，范扬译，商务印书馆 1961 年版本，第 258 页。

[2]　《马克思恩格斯全集（第 3 卷）》，人民出版社 2002 年版，第 22 页。

[3]　马克思：《1844 年经济学哲学手稿》，人民出版社 2000 年版，第 101 页。

意识的抽象运动，本质上是“绝对精神”的运动，属于精神劳动，黑格尔并不懂得真正的现实劳动本身。因而在马克思看来，黑格尔哲学的实质，是一种抽象的、与宗教并无本质区别的“唯心主义”哲学，即思辨形而上学。马克思评价黑格尔的辩证法为“虚假的实证主义或他那只是虚有其表的批判主义”[1]。黑格尔的逻辑学和“绝对精神”将其哲学中的“唯心主义”进一步放大了，因此黑格尔哲学又称作形而上学的集大成者。正是在对黑格尔思辨形而上学的批判之中，马克思认清了形而上学的本质，坚定了反对形而上学的立场。

之后，马克思与恩格斯合作完成了《神圣家族——或对批判的批判所做的批判——驳布鲁诺·鲍威尔及其伙伴》一书，简称《神圣家族》，这也是两人合作完成的第一部作品，标志着马克思同青年黑格尔派的决裂。马克思当时写作《神圣家族》的初衷，是为了向以鲍威尔为代表的青年黑格尔派开火，“神圣家族”这个名字就体现了马克思对青年黑格尔派的戏谑与嘲讽。在批判的过程中，马克思也完成了对黑格尔哲学秘密的彻底揭露。马克思曾经被称作“最优秀的青年黑格尔派成员”，在柏林大学读书期间，他开始接触到在当时德国占据统治地位的官方哲学——黑格尔哲学，立马被深深吸引，并很快成长为青年黑格尔派成员之中最活跃的一员。但是后来在费尔巴哈唯物主义思想的启发之下，再加上他在莱茵报社等地方工作期间，开始大量接触到社会现实问题，让他认清了黑格尔哲学的本质。他自觉地与黑格尔哲学与青年黑格尔派划清了界限，从对黑格尔哲学的盲目崇拜与狂热中转向对黑格尔哲学的批判与反思，这成为马克思哲学获得新生的一个重要的转折点。当马克思已经逐渐摸索到通往社会历史现实的大门的时候，青年黑尔派却仍在卖弄着那种思辨的唯心主义哲学。马克思对青年黑格尔派的批判，集中于对鲍威尔等人提出的“自我意识”和唯心主义历史观的批判。鲍威尔等人提出：一切事物都起源于无限

[1] 马克思：《1844 年经济学哲学手稿》，人民出版社 2000 年版，第 109 页。

的自我意识，并在其中找到根源。这一观点遭到了马克思的反对，马克思指责青年黑格尔派颠倒了思维和存在的关系问题。“在德国，对真正的人道主义说来，没有比唯灵论即思辨唯心主义更危险的敌人了。它用‘自我意识’即‘精神’代替现实的个体的人，并且同福音传播者一道教诲说：‘精神创造众生，肉体则软弱无能。’显而易见，这种超脱肉体的精神只是在自己的想象中才具有精神力量。鲍威尔的批判中为我们所驳斥的东西，正是以漫画的形式再现出来的思辨。我们认为这种思辨是基督教德意志原则的最完备的表现，这种原则的最终目的就是要通过变‘批判’本身为某种超经验的力量的办法使自己得以确立”[1]。马克思认为,不是抽象的意识，而是现实的物质生产活动，促成了历史的起步与发展。历史的主体本应该是人，但是在青年黑格尔派这里，历史的主体变成了抽象的意识。青年黑格尔派的这一历史观来自黑格尔，是一种唯心主义的历史观。借此，马克思对黑格尔哲学的秘密进行了彻底揭露，同时把握到了黑格尔辩证法的真实秘密与强大的生命力。马克思举了作为一般的“果实”和具体的果实之间的辩证关系的例子，认为思辨哲学的技巧，就在于从苹果、梨子、桃子、葡萄等特殊的果实中，抽象出了“果实”这个一般概念，但是它又反过来用“果实”的一般概念，否定具体的果实。我们不能说梨是“果实”，苹果是“果实”，扁桃是“果实”；应该说“果实”确定自己为梨，“果实”确定自己为苹果，“果实”确定自己为扁桃；苹果、梨、扁桃相互之间的差别，正是“果实”的自我差别，这些差别使各种特殊的果实正好成为“一般果实”生活过程中的千差万别的环节。马克思指出，黑格尔的辩证法虽然仍然是一种形而上学的思维方式，但是这一思想已经非常强大。它描述的不再是将死的、预言似的存在，而是一个不断地充满生命力的运动过程，具有强大的能动性，实现着运动、变化和发展。“在黑格尔的体系中有三个因素：斯宾诺莎的实体、费希特的自我意识以及前两个要素在黑

---

[1] 《马克思恩格斯全集（第 2 卷）》，人民出版社 1957 年版，第 7 页。

格尔那里的必然的充满矛盾的统一，即绝对精神。第一个要素是形而上学地改了装的、同人分离的自然。第二个要素是形而上学地改了装的、同自然分离的精神。第三个要素是形而上学地改了装的以上两个因素的统一,即现实的人和现实的人类”[1]。马克思嘲笑青年黑格尔派丢掉了黑格尔哲学的思辨精髓，并未达到黑格尔哲学的高度，所以他们既没有真正理解黑格尔哲学，也不可能超越黑格尔哲学。正是在对青年黑格尔派和黑格尔哲学的批判之中，完成了对旧哲学的全部清算，既与唯心主义哲学划清了界限，又与以费尔巴哈为代表的旧唯物主义划清了界限。在这本书中，马克思也完成了向建构新思想的重要转变。在这本书中，马克思系统研究了唯物主义的形态与内容，提出了物质资料生产活动是人类的首要活动，人民群众是历史的创造者等关于历史唯物主义的一些重要内容，找到了“实践”这把通往历史唯物主义旋转门的神奇钥匙。列宁评价它奠定了“革命唯物主义的社会主义的基础”。而这些思想就集中地体现在马克思 1888 年发表的，后来被恩格斯评价为“包含着新世界观的天才萌芽的第一个文件”[2] 的《关于费尔巴哈的提纲》之中。

《德意志意识形态》，被称作“历史唯物主义的诞生地”，标志着作为“新世界观”的马克思哲学的形成。在这本书中，马克思详细阐明了历史唯物主义的基本原理，彻底清算了黑格尔哲学和费尔巴哈的带有人本主义倾向的不彻底的唯物主义，在社会历史现实中找到了形而上学的现实根基，也为实现对形而上学的批判和超越提供了有效的依据。在《德意志意识形态》中，马克思明确提出物质生产活动的本源性，是一切历史的第一个前提。在他看来作为人的第一个历史活动的物质生产活动，才构成了整个社会人的全部活动和意识的基础，因而也是构成人类社会历史发展的基础。形而上学不具有现实性，它只是对现实物质生产活动的再反映，因而只是一种意识形态，不具有任何的客观性和历史性。“道德、宗教、形

---

[1] 《马克思恩格斯文集（第 1 卷）》，人民出版社 2009 年版，第 342 页。

[2] 《马克思恩格斯文集（第 1 卷）》，人民出版社 2009 年版，第 4 页。

而上学和其他意识形态，以及与它们相适应的意识形式便失去独立性的外观。它们没有历史，没有发展；那些发展着自己的物质生产和物质交往的人们，在改变自己的这个现实的同时也改变着自己的思维和思维的产物”[1]。马克思认为,形而上学仅仅是对现实的物质生产活动的理论抽象和反映，物质生产活动才构成了形而上学的现实基础。在《德意志意识形态》中，马克思关于形而上学的认识又上升到了一个新的高度，认识到其颠倒本性，并试图将被形而上学颠倒的理论与现实的关系重新颠倒过来。这就为马克思哲学研究转向对资产阶级社会的批判和研究，为马克思哲学最终完成唯物主义转向提供了理论前提和理论依据。《德意志意识形态》和《关于费尔巴哈的提纲》，标志着同费尔巴哈即一切旧哲学的彻底决裂，“把我们从前的哲学信仰清算一下”[2],标志着马克思新世界观的最终确立，“社会生活在本质上是实践的。凡是把理论导致神秘主义的神秘东西，都能在人的实践中以及对这种实践的理解中得到合理的解决”[3]。

在《哲学的贫困》中，马克思对蒲鲁东的政治经济学进行了批判研究。在马克思看来，蒲鲁东的政治经济学，仍然是一种“黑格尔式”的形而上学，并且还是一种“不地道”的黑格尔式的形而上学。为什么马克思把蒲鲁东的政治经济学看作是一种形而上学？马克思解释道，形而上学“是运动的抽象。运动的抽象是什么呢？是抽象形态的运动。抽象形态的运动是什么呢？是运动的纯粹逻辑公式或者纯理性的运动。纯理性的运动又是怎么回事呢？就是它安置自己，把自己跟自己对置，自相结合，就是它把自己规定为正题、反题、合题，或者就是它自我肯定、自我否定和否定自我否定”[4]，因而作为形而上学的政治经济学，不过是利用抽象的原则和说法去替换了人们耳熟能详的经济学概念和范畴。蒲鲁东在对政治经

[1]《马克思恩格斯文集（第 1 卷）》，人民出版社 2009 年版，第 525 页。
[2]《马克思恩格斯文集（第 1 卷）》，人民出版社 2009 年版，第 592 页。
[3]《马克思恩格斯文集（第 1 卷）》，人民出版社 2009 年版，第 501 页。
[4]《马克思恩格斯全集（第 3 卷）》，人民出版社 2002 年版，第 118 页。

济学进行研究的时候，采用的就是这样一种抽象分析的方法，将人们对现实的经济活动的理解，抽象为一些遥不可及的范畴，认为现实的经济活动背后运行着某些并不为人所知的原则。于是现实的政治经济活动，就被抽象成了理性的运动，变得神秘和抽象。政治经济学的形而上学，其实质就是形而上学的抽象原则在政治经济学领域的误用。在马克思看来，蒲鲁东此种误用，还是一种并不高明的误用，原因在于尽管蒲鲁东的政治经济学到处套用黑格尔哲学的术语，但是蒲鲁东恰恰丢掉了黑格尔哲学的合理内核。对此，马克思评价说："这种理性在蒲鲁东先生的笔下最初间或写作'社会天才'、'普遍理性'，最后又写作'人类理性'。然而这种名目繁多的理性在任何情况下都可以被人们认出是蒲鲁东先生的个人理性"[1]。马克思将蒲鲁东的政治经济学称作是一种蹩脚的黑格尔式的形而上学。马克思肯定了《哲学的贫困》在新世界观的建构中所起到的重要性，"我们见解中有决定意义的论点，在我的 1847 年出版的为反对蒲鲁东而写的著作《哲学的贫困》中第一次作了科学的、虽然只是论战性的概述"[2]。恩格斯也曾指出，在《哲学的贫困》中，"马克思自己已经弄清了他的新的历史观和经济观的基本特点"。

以上就是马克思对以黑格尔哲学为代表的整个形而上学思维方式的一个系统的、逐层递进的批判过程，绝非一蹴而就。从懵懂的觉醒，到自觉地抵制，再到坚定地反对以及新世界观的建立，时间跨度很大，体现了马克思的思想成长历史。在马克思看来，黑格尔哲学不同于以往其他形而上学的最根本的特征，就在于黑格尔哲学用思想的运动表征了资产阶级社会的现实运作。因此马克思认为，对待黑格尔哲学要持有两种客观的立场：一个是指认黑格尔哲学作为一种思辨的哲学，仍然是一种形而上学，其逻辑范畴带有明显的神学性质，其绝对精神仍是一个思辨的概念，这也是黑格尔哲学至今遭受诟病最多的一方面。二是要明白尽管黑格尔哲学是一种

[1] 《马克思恩格斯选集（第 1 卷）》，人民出版社 1995 年版，第 148 页。
[2] 《马克思恩格斯选集（第 2 卷）》，人民出版社 1995 年版，第 34 页。

集大成的形而上学，带有强烈的思辨性质，但黑格尔哲学作为一种精神的辩证法，它描述的却是现实的生活世界的辩证运动。黑格尔对资产阶级社会的分析与洞彻，这一高度是很多现代哲学家依然无可企及的，他们只能望其项背。哈贝马斯称黑格尔为“第一个对现代性提出质疑的哲学家”[1]。马克思也曾在公开场合承认自己是黑格尔这位大思想家的学生。可以说，在马克思之前，黑格尔哲学是对社会历史现实揭示得最为深刻的哲学，所以哲学家言必称黑格尔。但黑格尔哲学也存在着根本性的弊病，即把现实的一切都转换为观念性的存在。黑格尔将现实的历史转换为观念的历史，将社会历史的辩证运动描述为绝对精神的自我运动，这体现出了黑格尔哲学的形而上学特性。

正是在对黑格尔哲学的批判与反思中，马克思彻底认清并抛弃了形而上学，发现并找回了隐匿于形而上学背后那个更基础和更真实的现实世界。在此基础上，马克思不仅完成了对以黑格尔哲学为代表的唯心主义的超越，也完成了对以费尔巴哈为代表的不彻底的唯物主义的超越，并最终完成了哲学革命和建立了新世界观。

## （二）形而上学的社会历史批判

形而上学的社会历史批判，是马克思形而上学批判的创造性成果，也是马克思反形而上学的独特路径。在马克思看来，现代人深陷价值虚无主义的困境，在于资本与形而上学结成联盟，在社会历史领域与思想领域，完成了对人的全面的抽象统治。在思想领域，形而上学通过抽象的“同一性”原则统治着人与世界。作为思维方式的形而上学实质是一种“颠倒性”的意识形态，它颠倒了物质生产活动与意识之间的关系。形而上学将

[1] 哈贝马斯:《现代性的哲学话语》，曹卫东译，中国社会科学出版社 2005 年版，第 18 页。

意识看作是真实的、独立的，不依赖于物质的客观存在，而将现实的存在看作是意识的产物，认为现实之物要接受意识的统治与束缚。马克思指出，形而上学能够在思想领域统治着人，一定是因为人们的现实生活中，存在着“抽象统治”的物质关系。资本的抽象统治，是形而上学赖以生存的现实根基，为形而上学的现实性与合理性提供了现实的依据，也是构成现代社会人们价值虚无主义的根本原因。在马克思看来，仅仅就批判形而上学而批判形而上学是无力从根本上解决这一问题的。进行形而上学的社会历史批判，才是解决现代社会价值虚无主义的现实路径。由此，马克思开创出了一条独特的扬弃现代性、重建现代价值之路——形而上学的社会历史批判之路。

作为现实生活理论表征的形而上学的存在，就意味着作为形而上学现实基础的资产阶级社会出现了统治人的抽象力量。因而，在完成了形而上学的理论批判之后，还要深入现实，进行形而上学的社会历史批判，即对资本逻辑作为现实的抽象统治力量的资产阶级社会的批判，这样才能将形而上学连根拔起。相比较于形而上学的理论批判，形而上学的社会历史批判更为基础与重要，具有逻辑上的先在性。

在资产阶级社会，资本作为一种“非神圣形象”被塑造成为最高的价值主体，通过资本逻辑抽象地统治着人类。在马克思看来，正是资本逻辑的这种权力统治和毁灭一切价值的力量，造成了现代社会价值虚无、人类无家可归的命运。马克思在批判古典政治经济学的立场上，发现了资本的秘密，即资本与形而上学结成了隐秘的联盟。资本将自身塑造成了一种抽象的社会总体性的力量和最高价值的帝王，牢牢地束缚和压抑着人们的现实生活，充当着最高的价值与评判标准，从而导致在资产阶级社会人们还没来得及为摆脱以往抽象共同体对自身的统治而获得自我独立进行庆祝时，就重新被置于一种新的抽象力量的统治之下——资本逻辑的统治，因而对资本逻辑抽象统治的批判构成了马克思哲学的核心。

通过对现代性的“病理学”研究，对资产阶级社会资本的剖析，马克思找到了现代社会人类价值危机的根本原因，揭示出了资本逻辑的抽象统治所造成的现代人的价值的异化。马克思认为对形而上学的批判，必须同现实社会抽象力量的批判，即作为形而上学现实基础的抽象的资本的批判联合起来，而且相对于对形而上学的理论批判，对资本的批判具有逻辑上的先在性。马克思指出统治现实生活世界的是资本，资本逻辑背后起主导的是形而上学的思维方式，两者具有一种“内在的同构性”。现实的资本才是形而上学得以存在的根基，因而要想真正克服价值虚无主义，要想完成对形而上学的批判与超越，就必须对资产阶级社会的资本、对资本逻辑的抽象统治进行批判。资本逻辑的抽象统治，为形而上学的现实性与合理性提供了现实的依据，是形而上学赖以生存的现实根基，所以它构成了现代社会价值虚无主义的根本原因。因而，仅仅就批判形而上学而批判形而上学是无力的，必须进行形而上学的社会历史批判，才是解决现代性所造成的价值虚无主义的现实路径。现代社会之所以出现人类价值虚无主义，就在于现代社会占据统治地位的资本的抽象性与虚无性。因而，只有消灭资本，才能真正解决价值虚无主义问题。

很多哲学家都注意到这一现象——“资本主义是马克思一生的研究主题”[1]。在马克思看来，资本背后隐匿着现代社会人类价值虚无、命运悲惨的全部秘密，也暗藏着开启现代性救赎之路的可能性路径。因而对资本的批判与研究，就构成了马克思哲学的核心任务。尤其是马克思晚年的《资本论》，就是一部研究资本主义的集大成之作。我们可以看到，通过对资产阶级社会商品、货币、资本、交换与流通等的分析与揭示，马克思对资本主义经济制度和经济秩序进行了毫无保留的批判。当然这也导致很多哲学家认为马克思在晚年放弃了原有的哲学批判，而走向了资本主义经济学的研究与批判，将马克思的《资本论》仅仅看作是他的一部经济学巨著。

---

[1]　德赛：《马克思的复仇：资本主义复苏和苏联集权社会主义的灭亡》，汪澄清译，中国人民大学出版社 2006 年版，第 10 页。

这种理解有失偏颇，马克思对资产阶级社会经济制度和生产方式的批判与研究，并不仅仅是一种纯粹的经济学的批判与研究，而是通过对资产阶级社会经济制度和生产方式的剖析，对资本主义本质和运行规律的揭示，指出了资本主义私有制的剥削本质和非人道性，再现了资产阶级社会广大工人阶级无家可归的现实悲惨命运，从而揭示了资本主义的历史性和必然灭亡的命运，为打破资本主义私有制，重建人类价值和实现个人全面独立发展提供了强大的理论来源和科学依据。

马克思指出，资本作为一种历史性的生产关系，是一种资产阶级的意识形态，代表的是资本家的利益。资产阶级社会并没有实现理性所允诺的必然性的价值王国。资产阶级社会所宣扬的自由、平等等价值理论，不过是资本的谎言，带有强烈的欺骗性和阶级性。它代表和维护的是资产阶级的利益；而占人口绝大多数的工人阶级，被排除在这一价值体系之外。资本只是用来维护和实现这一资产阶级价值理念的手段和工具，工人阶级只能被动地接受和服从这个站在自己对立面的资本家的价值标准和尺度。因而，自由仅仅是资本家的自由，权利是资本家的权利，资产阶级社会的一切价值规范，都是为资本家代言和服务的。资产阶级社会的价值体系和规范标准，对于工人阶级来说，不仅是外在与抽象的，也是冷漠与压迫性的，工人阶级丧失了自己追求价值的权利。在资产阶级社会里，个体生命价值并没有得到尊重和实现。

对工人阶级来说，资本是一种对抗性的力量。它追求的是尽可能地满足资本家的利益。资本家为了获取更多的社会财富，尽可能多地占有剩余价值，通过缩短工时、增加劳动强度等手段来盘剥工人阶级。此时，劳动对于工人阶级来说，就不是人的自由本性的发挥，也不是所谓的创造性的活动，而是一种充满压迫性的生产活动。在劳动过程中，工人阶级感到的不是幸福，而是痛苦，不是自我能力的发挥和实现，而是受抽象所统治。工人阶级创造的财富越多，这些财富越不属于他，从而导致压迫他的力量也就越强大。真相是：资产阶级社会并不是资本家所鼓吹的平等、自由、正义的社会，而是充满了压迫与不平等的社会。资本本身充满了罪恶和不公正，它就像一个满嘴仁义的大骗子，在压迫和剥削工人阶级的同时，也蒙蔽着工人阶级。资本冷酷地撕掉了传统家庭中温情脉脉的关系，而把人与人之间的关系完全置换为了纯粹的金钱关系。它通过与形而上学的秘密结盟，树立起了自己在现实社会的绝对统治地位。对于资本对现实的人及其生活的抽象统治，马克思进行了深刻的反思与批判，一点点地撕下了资本进行伪装和欺骗的假面具。马克思认为正是由于资本作为抽象的社会力量对现实社会的操纵，现代社会在意识形态上才表现为形而上学的绝对话语权。

在资本逻辑的抽象统治之下，工人阶级的悲惨命运表现在：资本对作为人的感性生命活动的劳动的压制与奴役。在马克思看来，劳动本来是人的自由自觉的活动，但是在资本自我扩张和增值欲望的铁蹄下，现代社会的劳动就变成了一种外在于工人的异化劳动。这种外在性就表现在劳动不再是一种自愿自觉的劳动，而是一种强性性质的劳动。因而人们在劳动的时候，感觉到的不是自我肯定和愉悦，而是压制与痛苦。劳动的目的不再是基于自我的需要，而是基于资本扩张的需要，基于获取交换价值的需要。这样的劳动，就不再是人之为人的劳动，而是一种失去了自由本性，满足外部需要的手段。因而，人们只有在远离劳动的时候，才能够感到自由和自在。弗洛姆曾将其概括为资本主义条件下人被非人化的控诉，是对人性尊严的践踏和侵犯。在这样的劳动下，无论是劳动的过程、劳动本身还是劳动的产品，都将成为一种压制人和反对人的力量。在马克思看来，结果竟是“工人生产得越多，他能够消费的越少；他创造的价值越多，他自己就越没有价值、越低贱；工人的产品越完美，工人自己越畸形……”[1]。在资本逻辑的抽象统治之下，对于工人阶级来说本来该是自由自觉的劳动，就完全变成了一种敌对性和无法操控的反对自身的力量。资

[1]　马克思：《1844年经济学哲学手稿》，人民出版社2000年版，第53页。

本逻辑的抽象统治导致工人阶级陷入了一种前所未有的悲剧性的命运。

马克思洞察了资本逻辑下资产阶级社会的残酷性和虚伪性，指出在资产阶级社会，表面看来工人阶级好像被“平等”地纳入了资本主义生产体系之中，工人享有自由出卖自己劳动力的权利，可是此时无产阶级的全部价值就在于“工人”这一特定身份，在于他能够将劳动力转化为交换价值。在资产阶级社会里，基于人的本性的自由自主的劳动发生了异化，被贬低为谋生的手段。劳动从自由的劳动降格为必要的劳动。虽然在名义上意味着工人有是否出卖自己劳动的自由权利，但事实上工人为了维持生存，面临着必须要出卖自己的劳动的客观事实，除此之外别无选择，这是工人阶级无法逃脱的现实命运。自由变成了存在着的“无”，工人阶级要想纳入资本主义的生产体系，必须将自己转换为资本价值，像商品一样被贴上“等价物”的标签，等候贩卖。而且在生产之中，工人并不能随心所欲地选择自己想要从事的工作，工作的目的不是自由本性的发挥，而是为了维持最基本的生存需要，也就是被动地满足资本扩张和增值的需要。在资本逻辑下，工人阶级被硬生生抽掉了人“生而为人”的丰富内涵，而仅仅变成谋生的工具和资本扩张的工具。在劳动过程之中，工人感觉到的不是自在和肯定，反而是压抑和否定，劳动中饱受肉体折磨和精神摧残。而只有暂时摆脱了劳动的人，才能享受到属于人的短暂的自由。在资产阶级社会，自由成为资产阶级特有的话语权，只有资产阶级有资格谈论、追求生命的价值和意义。工人阶级处于无家可归的水深火热之中。“迫使一切民族——如果它们不想灭亡的话——采用资产阶级的生产方式；它迫使它们在自己那里推行所谓文明制度，即变成资产者。一句话，它按照自己的面貌为自己创造出一个世界”[1]。在资产阶级社会里，一切的现实社会关系，不过是作为手段来为个人谋取私利的，其实质不过是资产阶级为了追求资本利润的最大化。资本完全凌驾于现实的人之上。本应是人与人的全面的

[1] 《共产党宣言》，人民出版社 1997 年版，第 31—32 页。

丰富的关系，在资产阶级社会里，则完全沦落为人与人之间的赤裸裸的金钱关系。资本主义大生产将一切的活动与产品都通过“等价物”转换成了交换价值，使得“资本逻辑”的非神圣形象最终傲然挺立，造成了人与人之间以商品为中介的新的依赖关系。因而，此时个人的独立是虚假的，人依然受资本所主导的生产关系的束缚。马克思认为，这样一种个体的独立，其实质乃是以物的依赖性为基础的人的独立性，因而不是人的真正的独立，也就不是真正的价值的实现和完成。

要想重建人的现实价值，将人从资本逻辑的统治下解放出来，就必须彻底消解资本（或资本主义生产关系）赖以存在的现实土壤——资本主义私有制。马克思认为，只有彻底瓦解私有制，才能打碎资产阶级社会以资本为媒介所形成的赤裸裸的剥削关系，将人从资本逻辑的统治与压迫中解放出来，从而消解掉现代社会个人受抽象统治的命运，重新给予人的生命以价值和意义。

# 第五章

# 马克思实践哲学下的价值转向与重建

通过对形而上学的双重批判，即形而上学的理论批判与形而上学的社会历史批判，马克思彻底终结了形而上学的历史，完成了自己的“实践哲学”转向。这就解决了西方的形而上学难题，将哲学从形而上学的独断论中解放出来，使哲学的研究对象从抽象的本体转向现实的人及其历史发展，“人”再次成为哲学的中心。哲学自诞生之初，就带有批判性，和人类关系密切，它所表达的是人关于自身及其周围世界的看法，追寻的是生命的价值与意义。在形而上学思维方式占据统治地位的历史时期，作为哲学主人的人的现实性和人的生命却被“抽象的存在”所遮蔽和宰制，人沦落为哲学的尘世仆人，被哲学所扼杀。随着形而上学的终结，哲学将重新为人类服务，恢复哲学最初的历史使命——追寻人的“有价值的生活何以可能”。马克思的实践哲学，蕴含着强大的辩证法，体现了马克思哲学的革命宗旨和创造性：在对资本主义旧世界的批判中，去发现一个新的世界——一个摆脱一切抽象统治的真正属人的新世界。在那里，马克思完成了哲学史上的实践论转向，使得关于价值的理解与追求发生了根本性的变革，为人的价值的实现提供了现实土壤。

## 一、价值哲学革命：从“抽象力量”走向“实践创造”

在马克思看来，无论是前资产阶级社会，还是资产阶级社会，在关于“价值”的解释与理解之中，存在着一致性：都是一种形而上学的思维方式，将价值视作“现成的存在物”。价值作为人的“先验本质”的规定性而存在。这种“先验本质”，其特征就是：绝对的、普遍的、不证自明的、自在自因的、永恒的，是作为人的外在强制力而存在的，牢牢控制着人类，决定着人的价值、命运与理想。

从哲学史上看，在很长一段时期，受形而上学思维方式的影响，对价值的理解存在着思维定式与误区。“价值”作为崇高的理想，被高悬于人类孜孜以求的彼岸。在柏拉图那里，价值取决于理念；到了中世纪，价值来自上帝；在黑格尔那里，价值衍生于绝对精神；在尼采那里，价值依靠于强力意志。在哲学发展的不同时期，价值的主体也各不同。其共同本质在于：承认大写“价值”的自为性、逻辑先在性、不可抗拒性与规定性。作为人所追求的信仰，却未有一刻来自或者属于人自身。因而，人们只能离开世俗世界，只能去超验世界寻找价值、发现价值，并遵守价值。这种价值观本质上是一种“发现论”的价值观，即一种由某个大写的主体预先设定好的价值观念——能够超越时间、空间和个人的差异性而永远存在。在此，超验的东西，被说成是真实的；特殊的东西，被追捧为普遍的，从而造成了只见价值不见人的矛盾现实。人从价值的承担主体与践行者，沦落为价值的实现者，价值的有显现与世俗化的工具。所以，这也是为什么会出现人们所信奉、遵从的价值观，不仅没有讴歌赞美人的价值，甚至会出现贬低、践踏人的价值的现象。要求人们忍受现实的命运、克制自己的欲望，甚至要求人为权贵、为神或者为资本献祭。

马克思否认任何超验、永恒价值的存在，认为实践作为人的生命本源活动，才是构成一切价值的基础。“所谓实践本性，就是人的自我创造、在自我创造中追求和创造自身价值的本性”[1]。人在实践活动中，不断创造着自己的生命，丰富着生命的内容，也创造着一切与自身相关的东西，包括价值。生命的价值与意义，人生的理想与追求，皆从实践而来，在实践中实现。因而价值，并非抽象或大写的，而是现实与具体的，价值不再是

[1] 贺来：《有尊严的幸福生活何以可能》，中国社会科学出版社 2013 年版，第 426 页。

僵化而永恒的，而是创造与发展的。人的生命价值所指向的，不再是一个封闭的实体，而是立足于实践基础上的一种无限的创造性与敞开性；人的生命价值所实现的过程，也不再是一个忽略了人性、无限靠近神圣性的过程，而是个体生命在人的历史性的实践活动中不断展开的自身的丰富性与多样性。

马克思在哲学史上实现了价值问题的“实践论”转向，用实践去理解价值，去理解人与价值的关系，与一切形而上学划清了界限，开创了一条独特的现代性价值的救赎之路：将人们对绝对真理和终极价值的追求，转向对现实的人及其生命价值的关注；将人们对理性的过度吹捧，转向理性与现实的和解。这种和解不在人的抽象的思辨领域中，而深深植根于人类现实的实践活动中。追寻的不再是僵死、凝固的价值中立，而是“在感性实践活动中追求人的自由和解放的价值空间”[1],人不再是被动地让自己无限地趋近于那个抽象的价值存在，而是通过自身的创造性的活动，不断地丰富和完善自己的生命内容，创造并实现着自身的现实价值。

## （一）作为“抽象力量”的价值

马克思之前的哲学家，在谈论人的价值问题的时候，往往持一种形而上学的立场。“哲学在古代看来原是指教人什么才是‘至善’的概念，并指教人什么是求得它的行为的”[2]。关于对价值的理解,形而上学历经了两个阶段：第一个阶段，是近代以前的哲学。此时人们关于价值理解的最大问题，在于将超验的价值当作真实的价值；将属人的价值变成外在于人的具有强制力的价值。到了近代，通过启蒙运动和“理性”的自我觉醒，实现了哲学史上的价值革命。价值从“崇高世界”回归到“现实世界”，从

[1] 贺来：《有尊严的幸福生活何以可能》，中国社会科学出版社 2013 年版，第 125 页。

[2] 康德：《实践理性批判》，韩水法译，商务印书馆 1999 年版，第 111 页。

"超验"存在，变成了属人的存在。但这第二阶段，关于价值理解的最大问题，在于将特殊的价值说成是普遍的价值；将价值从客观价值变为主观价值。因而无论是近代以前的哲学，还是近代哲学，都没有完成对价值的真正理解，都将价值视作一种与具体的人的社会历史脱节的存在，价值始终作为一种外在的、强制性的规范力量而存在。在价值的作用之下，只见某个或部分存在的价值，而不见所有人的价值。只见价值对人的束缚，而不见人与价值的相互成就。

17 世纪以前的柏拉图主义，力图在人的现实世界之外，设置一个抽象的、静止的终极价值理念，认为现实世界的全部价值与意义，就在于分有了"价值"理念。到了中世纪，上帝成为最高的价值标准，人们的价值依据在于是否符合《圣经》中上帝对人的要求与期许。无论是 17 世纪以前的柏拉图主义，还是中世纪的上帝，其共同点是否定人的现实世界，认为这是一个虚假而短暂的世界，是一个没有价值与意义的世界，充满了变动、痛苦与不幸。而那个本真的价值，则存在于彼岸世界，它是永恒存在且保持不变的。这是近代哲学以前的价值论，它的特点是超感性、抽象、僵化、凝固和永恒。

近代哲学看到了"人"的现实处境与遭遇，尝试将人从长期被遮蔽中重新置于哲学的目光之下。笛卡尔迈出了近代认识论转向的第一步，提出"我思故我在"。"'我'成了出类拔萃的主体，成了那种只有与之相关，其余的物才得以规定自身的东西"[1]，在人类发展史上，第一次尝试将"我"作为世界万物（包括人自身）的规定，使哲学完成了从"本体论"向"主体论"的重大转折。"我们踏进了一种独立的哲学。这种哲学明白：它自己是独立地从理性而来的，自我意识是真理的主要环节。哲学在它自己的土地上与哲理神学分了家，按照它自己的原则，把神学撇到完全另外的一边。在这里，我们可说到了自己的家园，可以像一个在惊涛骇浪中长期漂

---

[1] 笛卡尔:《第一哲学沉思集》，庞景仁译，商务印书馆 1986 年版，第 94 页。

泊之后的船夫一样，高呼‘陆地’”[1]。黑格尔指出“近代哲学的出发点，是古代哲学最后所达到的那个原则，即现实自我意识的立场；总之，它是以呈现在自己面前的精神为原则的。中世纪的观点认为思想中的东西与实存的宇宙有差异，近代哲学则把这个差异发展成为对立，并且以消除这一对立作为自己的任务”[2]。“我”成了一切知识得以可能的阿基米德点，也成了一切价值规范的源泉。近代试图通过确立主体理性的权威地位，实现由上帝价值向属人价值的复归，这是近代哲学实现的价值革命。

黑格尔的辩证法，则将对现代人的价值问题的研究推演到了一个新的历史高度，不再往以往的哲学那样，将价值简单地视作一个“现成的存在物”，而是尝试从肯定、否定和超越的辩证角度，将价值看作一个生成性的过程。黑格尔认为绝对精神是最高的价值实体，人的价值的实现过程，就是绝对精神的自我展开和运动过程，是绝对精神否定自己又肯定自己的辩证过程。这样，黑格尔就将对价值的理解，即从现成的存在者来理解价值到从辩证的生成性来理解价值，推进了一大步。在这个意义上说，黑格尔哲学超越了以往全部的形而上学。但是马克思批评黑格尔，“黑格尔唯一知道并承认的劳动是抽象的精神的劳动”[3]。在黑格尔那里，人的价值伦理的辩证运动其实质是一种纯粹概念形式的辩证运动，这是黑格尔哲学不足的地方。

近代价值哲学革命，并未真正将人的价值还给人自身，而是将“我”塑造成了新世界的“神”，将未经检视的理性所提出的部分人的特殊的价值，宣布成为全世界所有人的价值，将外在于人的生命本质的价值，塑造成人类生命的理想与目标。对于现实的人来说，人们依然要无条件地服从这种“新神”，服从新神制定的所有规则，服从于一个更高的权威。这根源于近代哲学，和近代以前的哲学一样，本质上遵循的仍然是一种形而上

[1]　黑格尔：《哲学史讲演录（第4卷）》，贺麟等译，商务印书馆1978年版，第59—61页。
[2]　黑格尔：《哲学史讲演录（第4卷）》，贺麟等译，商务印书馆1978年版，第6页。
[3]　《马克思恩格斯文集（第1卷）》，人民出版社2009年版，第205页。

学的思维方式。"绝对中心主义"的思维方式，让它依然无法摆脱对"神"的向往，对绝对与权威的追捧，于是在上帝被打倒的地方，我们看到新神——"人的形象神圣化"被塑造。"我"走向了历史的另一个极端，从之前被彻底无视的存在，成为宇宙之中最强大的存在。"我"成为那个"自明""自主"和"自足"的实体，世界被"我"所言说，"存在者之存在是从作为设定之确定性的'我在'那里得到规定性的"[1]。伴随着近代"人的形象神圣化"，人们又深陷"主体中心困境"而无法自拔。近代哲学不仅没有实现重建人的价值的目的，反而将人类推到了价值虚无主义的深渊。

在马克思看来，无论是古代本体论的形而上学，还是近代主体性的形而上学，作为形而上学的思维方式，它们所追寻的价值都是一种"被发现的价值"。它作为外在强制力的"外在价值"，却被包装和塑造成了与人的生命紧密相关的普遍价值。这种价值表现为如下特点：

（1）终极性。形而上学将追求世界的真理与事物的"本质"作为最高的哲学目标。"形而上学就是一种超出存在者之外的追问，以求回过头来获得对存在者之为存在者以及存在者整体的理解"[2]。在形而上学者看来，人们的世界充满了偶然性，是现象的堆砌，短暂易逝，容易犯错，因而是不可靠的。他们要求超越现实的这种局限性，去找到世界背后的确定性、永恒性的真理。这个真理，在泰勒斯那里是水，在柏拉图那里是绝对理念，在中世纪是上帝，在近代哲学家那里是"我"，而在黑格尔那里就是绝对精神。世界的生成、运转及价值，全部取决于这一真理。真理代表着最高的真善美，也为世界提供了终极价值。"存在有或者必定有一些永久的与历史无关的模式或框架，在确定理性、知识、真理、实在、善行和正义的性质时，我们可以最终诉诸这些模式或框架"[3]。

（2）唯一性。形而上学思维方式最大的特征，就是二元分立，强调

[1] 海德格尔：《海德格尔选集（下卷）》，孙周兴译，上海三联书店 1996 年版，第 881 页。

[2] 海德格尔：《路标》，孙周兴译，商务印书馆 2000 年版，第 137 页。

[3] 伯恩斯坦：《超越客观主义与相对主义》，郭小平译，光明日报出版社 1992 年版，第 9 页。

“一”与“多”、本质与现象、感性与理性的分裂。“‘一’和‘多’一开始就是形而上学的主题”[1]。形而上学认为，在多元世界的背后，有且只能有一个“一”。这个“一”作为世界的本质，相较于多元的现实，更加具有现实性、绝对性、普遍性和永恒性。这个“一”在价值领域，就体现为最高价值。价值的唯一性，从空间角度来说，意味着有且只有一个价值，最高价值适用于整个世界，适用于所有的人：从时间角度来说，意味着这一价值观是永恒的、不可改变的。价值的唯一性，体现着价值的绝对性。

（3）非历史性。形而上学所把握到的世界本质，是一个超验的存在。因而由这一本质所提供的价值，也是超验的、非历史的。本质的永恒性，决定了价值的永恒性和终极性。所以在形而上学时期，哲学家才孜孜以求那个放之四海而皆准的最高价值。“寻找真理的哲学家发现真理而不是发明真理。哲学家在谈到他的哲学时不是通过哲学来表达自己的思想感情；相反地，他尽量避免通过哲学来思考，避免自己出现在哲学中，只是作为他（在自身或在自身之外）所发现的真理的传声筒。……不管你们愿意不愿意，说话的不是我哲学家，而是真理通过我的嘴说出来，我们都同意真理完全有权利摆权威架子”[2]。在资产阶级社会，资本家就试图将资本价值树立成为最高价值，也就是终极价值。

不同于传统形而上学对超感性或理性的追捧，马克思认为只有实践才构成了一切意识的基础。所谓实践，是人类能动地改造客观世界的物质性活动。实践决定着包括价值在内的一切意识形态领域，形而上学、宗教、道德等的意识形态，都是建立在实践的基础之上的，并伴随着实践的发展而不断地改变着。在此基础上，马克思一方面将实践活动看作人的本源性的生命活动和存在方式，另一方面又批判性地继承了黑格尔哲学中的辩证法思想，将其作为实践哲学的理论内核。因而，当马克思去重新理解人的价值的时候，就与一切形而上学家划清了界限，开创出了一条独特的现代

[1]　哈贝马斯：《后形而上学思想》，曹卫东等译，译林出版社 2001 年版，第 137 页。

[2]　施兰格：《哲学家和他的假面具》，徐友渔选编，社会科学文献出版社 1999 年版，第 4 页。

性价值的救赎之路。马克思反对任何抽象的、超感性的，或是僵死的、凝固的价值，而是将价值看作一种伴随着人的本源性存在的活动——实践活动，并不断地产生、变化和发展。

在马克思看来，“人的现实生存和追求生命自由和生命幸福的生活实践具有超越理论思辨的绝对优先性，理论唯有服从生存实践，创造性地向生存实践开放，为它提供一个积极的思想支持，才能确证自己的现实性和存在价值——理论从属于人的现实生命的存在”[1]。马克思要求,不是从理论角度，而是从人的本源性的实践活动出发去寻找人的现实的价值。而在对价值重新解读的过程中，马克思批判性地继承了黑格尔的辩证法思想。尽管马克思也将黑格尔哲学纳入形而上学的体系之中，但还是高度肯定了黑格尔辩证法中的合理内核，即从辩证运动的生成性来看待“存在”，并且马克思批判性地继承了黑格尔的这一伟大思想，将黑格尔的辩证法应用到自己的实践哲学之中，从而对人的价值做出新的解读。

## （二）价值走向实践创造

“从前的一切唯物主义（包括费尔巴哈的唯物主义）的主要缺点是：对对象、现实、感性，只是从客体的或者直观的形式去理解，而不是把它们当做感性的人的活动，当做实践去理解，不是从主体方面去理解。因此，和唯物主义相反，唯心主义却把能动的方面抽象地发展了，但只是抽象地发展了，当然，唯心主义当然是不知道现实的、感性的活动本身的”[2]。在探索现代性的救赎之路和现代价值的重建之路上,马克思远比尼采、海德格尔走得深远，就在于他深入社会历史现实中去了。马克思将虚

[1] 贺来:《辩证法的生存论基础：马克思辩证法的当代阐释》，中国人民大学出版社 2003 年版，第 153 页。

[2] 《马克思恩格斯文集（第 1 卷）》，人民出版社 2009 年版，第 499 页。

无主义问题引入人的现实的生活世界，引入实践哲学的领域，从而为现代社会的价值问题寻找到了世俗的根基和物质基础，这是马克思哲学深刻的地方，也是马克思优越于其他哲学家的地方。“人的思维是否具有客观的真理性，这不是一个理论的问题，而是一个实践的问题。人应该在实践中证明自己思维的真理性，即自己思维的现实性和力量，自己思维的此岸性”[1]。在马克思那里，价值也不是一个纯理论的问题，而带有实践特性。

马克思反对任何关于价值的抽象的、僵化的理论，强调价值是在人类的实践活动中逐渐生成的。他将哲学史上长久被颠倒的理论与实践的关系重新颠倒了回来，确立了实践优于理论的基础地位，从而实现了自身哲学的“实践论”的转向。

（1）实践活动作为人的本源性活动，就构成了人的存在，包括价值存在的基础，价值只能来源于人的实践活动，不存在任何超感性的价值。“社会生活在本质上是实践的。凡是把理论导致神秘主义的神秘东西，都能在人的实践中以及对这种实践的理解中得到合理的解决”[2]。与传统哲学所寻求的那种静态的、永恒的价值不同，在马克思看来，人的社会生活和人的历史发展，都是建立在实践活动基础之上的。因而人类生命的价值，也只能来自人的本源性存在的实践活动之中，不存在任何脱离了人的实践活动、可以一劳永逸地把握到的永恒的价值实体。“在思辨终止的地方，在现实生活面前，正是描述人们实践活动和实际发展过程的真正的实证科学开始的地方。关于意识的空话将终止，它们一定会被真正的知识所代替”[3]。

（2）马克思认为人的生命价值全部蕴含在人的本源性的实践活动之中。实践的社会历史性，决定了价值并非“现成的存在物”，而是在社会历史的发展中被不断创造出来和显现出来的。因而，在不同的历史时期，人类所追寻的价值不同。马克思认为，作为人的本源性的生命活动，实践

---

[1] 《马克思恩格斯文集（第1卷）》，人民出版社2009年版，第500页。

[2] 《马克思恩格斯文集（第1卷）》，人民出版社2009年版，第501页。

[3] 《马克思恩格斯文集（第1卷）》，人民出版社2009年版，第526页。

活动是一种自由自觉的活动。以实践为媒介，世界就不再是那个封闭僵死的一成不变的世界，而是一个面向未来不断敞开的世界。通过人们的实践活动，世界在发展，人类在进步，与人和社会紧密相关的价值问题，也就无法作为一成不变的“现成的存在物”而存在，而是随着人类实践活动的条件和范围，不断被创造、被发展。“现实生活的过程，不但是人们根据自己的需要进行价值选择的过程，也是人们不断地创造价值、分配价值和享受价值的过程”[1]。作为一个真正独立的人，他可以自由地从事创造性的活动，而劳动与实践的过程，就是生命不断绽放和实现的过程。

（3）马克思肯定了价值的主体是“现实的人”。所谓现实的人，指的是身处一定的社会历史之中，不断进行实践活动的人。人作为实践的主体，成为价值的主体。价值只能是人的价值，只有人才需要进行价值创造和价值选择。“可以根据意识、宗教或随便别的什么来区别人和动物。一旦人开始生产自己的生活资料的时候（这一步是由他们的肉体组织所决定的），人本身就开始把自己和动物区别开来”[2]。马克思认为只有人才具备实践活动能力和实践活动需求，动物的一切活动都是基于生存需要的本能活动。“如果说动物是依附性—适应性的生存方式，一切都要靠大自然来安排、提供，那么，在人这里则变成了自为性—创造性的生存方式，人所需要的生活资料主要是人靠自己的劳动生产提供的”[3]。动物基于生命的自在本性，只存在本能活动，不关涉价值问题；而人除了具有自在本性之外，还具有自为本性，即创造性，存在着理想、价值与意义追求，从而丰富了生命的内容。实践赋予了人类创造能力与自主本性，也决定了价值的属人本性。价值是人的价值问题，价值的依据，也只能来自人的本源性的实践活动，而非抽象的理性或超验的实体。马克思肯定了实践活动作为人的本源性的生命活动，也就确立了价值的现实基础。“个人怎样表现自己的生

[1] 孙正聿：《当代中国马克思主义哲学专题研究》，吉林人民出版社 2010 年版，第 328 页。
[2] 《马克思恩格斯文集（第 1 卷）》，人民出版社 1988 年版，第 24—25 页。
[3] 高清海：《高清海哲学文存・续编（卷二）》，黑龙江教育出版社 2004 年版，第 15 页。

命，他们自己就是怎样，因此，他们是什么样的，这同他们的生产是一致的——既和他们生产什么一致，又和他们怎样生产一致。因而，个人是什么样的，这取决于他们进行生产的物质条件”[1]。马克思反对现代社会将抽象的理性或同样抽象的货币视为现代社会人的价值的实体，而是要求必须从人的现实的实践活动出发对人的真实的价值做出把握。人只能在构成自身的本源性的实践活动中，创造和实现自身的生命价值。

马克思通过对形而上学的社会历史批判，在哲学史上完成了价值问题的第二次革命，也就是“实践论”转向。将实践活动看作价值存在的根据，马克思既同哲学史上的旧唯物主义，又同唯心主义划清了界限，实现了价值革命的哲学转向。马克思的实践观，就是开启现代性价值救赎旋转门的那把关键性的钥匙。只有从实践观点出发去看待和研究价值问题，才能真正地把握和理解人的现实的生命价值。但是在现代社会，人的实践本性却被资本所阉割，人从一个自由自觉的主体沦落为愚蠢和片面的“现成存在物”，失去了自我超越的本能。而这源于资产阶级社会中，资本逻辑对人的抽象统治。

其一，马克思哲学的价值存在依据的转向，完成了将长期以来被颠倒的理念和实践的地位重新颠倒回来。马克思之前的很多哲学家在超感性的领域谈论价值问题，或者将人的价值看作一种外在的规定性，或者将人的价值看作一种人的生命力的彰显，或是将人的价值看作一种意识形态的存在。也就是说理性领域被置于实践领域之上，并试图指导人的现实的实践领域。在马克思看来，从这些视角去看待人的价值，就会造成这样的后果：不仅无法理解人的生命价值的真正含义，反而还造成了现代社会价值虚无主义。“一种本来意在把人引向‘解放’的思想逻辑，其结果却恰恰把人带上了无家可归之路的虚无之路，一种本来志得意满地以为将把现代人领向‘解放之途’的理想蓝图，其本性却是一种‘推动着虚无主义的完

---

[1]《马克思恩格斯文集（第1卷）》，人民出版社2009年版，第520页。

成’和‘使虚无主义走向最高阶段’的独断”[1]。问题的症结就在于脱离了现实的物质生产和实践活动，在对人的现实性的偏颇理解中，试图设定一个超感性的、抽象的终极价值实体，为现实的生命价值立意，妄图为人的实践活动提供理论指导。其理想架构是：认为在超现实的世界里，存在着这样一个完满的、神圣的价值形象。人们唯一要做的，就是去发现这一崇高的价值，并虔诚地信奉和切实地遵循这一价值原则。认为按照终极价值的指导去实践，人的生命和生活就会因此充满价值和意义。这是马克思所强烈反对的。他认为人的真实的价值，必定来源于人的现实的生存活动，来自实践。价值只能是奠基于实践活动基础之上的价值，绝非“现成存在物”的价值，更不存在任何抽象的、理性化的价值。

其二，马克思哲学的价值存在依据的转向，消解了以往关于人的价值的一种知识论的立场，普遍价值和永恒价值丧失了其合法地位。传统形而上学在对人的价值进行把握的时候，往往认为存在某种现成的、永恒和普遍的价值观念和实体，比如中世纪的上帝。在他们看来，上帝作为一种完满的存在，是最高的价值实体，存在于遥不可及的彼岸。尘世的人能够做的，就是发现、遵守、牢记上帝为自己提供的各种价值规范，除此之外应该别无所求。此时，人们从上帝那里获得的就是一种知识论的价值，人类无权参与价值的创造，更不能理解价值的真实内涵，而只能“被动”地分享有关价值的知识，并把它当作人生的终极目标与追求。人们追寻到的只能是一个现实存在着的、超感性的价值实体，它所秉持的是一种外在性的原则。马克思对资产阶级社会资本作为最高的抽象价值对人的统治与压迫的分析与揭示，可以看出，他强烈反对这种知识论的价值观，认为它带来的只能是权力的强威。在马克思看来，人类不应该是价值的分享者和发现者，更应该是价值的创造者、传承者与践行者。这样也就打破了以往那些以普遍性和永恒性存在的价值实体或观念，找到了现代社会价值重建的

[1] 贺来：《边界意识和人的解放》，上海人民出版社2007年版，第27页。

现实根基，从而为实现现代社会价值重建提供了可能。

其三，马克思关于价值的“实践论”转向，赋予了价值时代性与历史性特征。价值作为人类实践的产物，不可避免地带有社会历史性特点。在不同的社会背景之下，由于人的实践活动范围与实践对象的不同，由于人们彼此之间交往情况的不同，价值理念必然呈现不同的内容和特点，比如古代社会对权贵的尊崇与跪拜，现代社会对个人自由与平等的向往。“人们所需要的东西并不只是锲而不舍地追求终极的问题，而是还要知道：此时此地什么是行得通的，什么是可能的以及什么是正确的”[1]。“此时”“此地”，便是价值存在的场域，也是价值产生的条件。马克思指出，“不存在任何最终的东西、绝对的东西、神圣的东西”[2]，“除了生成和灭亡的不断过程、无止境地由低级上升到高级的不断过程，什么都不存在”[3]。任何事物都具有暂时性，所以辩证法“对每一种既成的形式都是从不断的运动中，因而也是从它的暂时性方面去理解；辩证法不崇拜任何东西，按其本质来说，它是批判的和革命的”[4]。对待价值问题也是如此，我们要以历史的眼光和开放的态度去辩证地看待，而不是去追求永恒的、放之四海而皆准的绝对价值。

其四，马克思哲学的价值的存在依据，即其从之前的“先验本质”转向了“实践创造”。可以看到，马克思所要实现的人的生命价值，不再是来自彼岸世界的普照的光，也不是来自理性的狂妄与自大，而是关于现实的人及其自身发展的价值；人的生命价值所指向的，不再是一个封闭的实体，而是立足于实践基础上的一种无限的创造性与敞开性；人的生命价值所实现的过程，也不再是一个忽略了人性、无限靠近神圣性的过程，而是个体生命在人的历史性的实践活动中不断展开的自身的丰富性与多样性。

[1] 伽达默尔：《真理与方法（上）》，洪汉鼎译，上海译文出版社 1992 年版，第 16 页。
[2] 《马克思恩格斯文集（第 4 卷）》，人民出版社 2009 年版，第 270 页。
[3] 《马克思恩格斯文集（第 4 卷）》，人民出版社 2009 年版，第 270 页。
[4] 《马克思恩格斯全集（第 44 卷）》，人民出版社 2001 年版，第 22 页。

因而马克思哲学变革的理论旨趣和现实目标，就是要冲破传统形而上学对抽象理念的构造与追求，重新建立一种新的、关于现实的人及其生命的价值。从这个意义上去看待马克思哲学，才能切实地体会到马克思关于人的解放的真实意蕴，即将人从一切的抽象（无论是理论的抽象，还是现实的抽象）中拯救出来，重新恢复人的现实生命的价值与意义。马克思哲学从根本上变革了价值的存在主体，恢复了现实的人作为价值主体的地位，也就彻底打破了习惯从人之外的世界寻求真理与价值的形而上学的思维方式，价值从彼岸世界回归到现实生活。

我们可以看到，马克思对现代社会虚无主义的批判与反思，对现代社会价值的重建与探索，在最深层的基础上颠覆了自柏拉图以来整个西方传统形而上学的宏伟体系，将人们对绝对真理和终极价值的追求，转向对现实的人及其生命价值的关注；将人们对理性的过度吹捧，转向理性与现实的和解。人不再被动地让自己无限地趋近于那个抽象的价值存在，而是通过自身的创造性的活动，不断地丰富和完善自己的生命内容，创造并实现自身的现实价值。实践领域所遵循的原则是一种自由的原则，因而并不是通过外在的强力给人提供一个超感性的价值规范，从而造成对个体生命价值的压抑和遮蔽。价值问题存在的领域必须是一个自由王国，而不是现成存在着的、确定的必然王国。

## 二、价值主体的变革：从“抽象存在”到“现实的人”

“全部人类历史的第一个前提无疑是有生命的个人的存在”[1]，对现代社会“人”的境遇的关注，使得马克思积极去探索扬弃现代价值虚无主义的现实道路。在马克思看来，现代价值虚无主义，其实质就是抽象存在对

[1] 《马克思恩格斯文集（第1卷）》，人民出版社2009年版，第519页。

个体生命价值的压抑与束缚，所以价值的重建只能是重建被遮蔽的现实的人的生命价值，而不是任何一个作为总体的抽象价值或超感性的价值。因而，价值的主体不能是任何与人的生命无关的、外在于人的生命的某种抽象的存在，而必须是“现实的人”。马克思“反对一切形而上学的抽象的主体论，回复到现实的个人”[1]。人们通过自己的实践活动，一起完成价值的建构并统一遵守。此时，长期被颠倒的人与价值的关系才能重新被颠倒回来。人是价值的主体与目的，而非价值的傀儡与工具。人类创造价值，而非被价值所决定与创造。价值是人的价值，为人的生命与生活服务，聆听并服从于人的本性。被外在权威、超验价值所遮蔽的人的独立性与创造性也才得以恢复与发展。

## （一）“抽象的存在”对人的价值的遮蔽

在马克思看来，只有现实的人才构成价值的真实主体。以往的哲学家之所以无法真正追寻到人的真实的价值或无法实现对人的价值的重建，就在于他们将价值的主体视为某种抽象存在，而把原本承担着价值主体的人看作抽象存在的附属物。古希腊受形而上学思维方式影响，将人的本性视为某种外在于人的、永恒的东西。中世纪则进一步将其绝对化，把人的本质归为上帝，认为只有上帝才是全知全能的。世间一切，包括人都是上帝的产物。而伴随着近代哲学理性的觉醒和认识论的转向，德国古典哲学家又将人归为某种抽象的精神性的存在，人是理性的化身。通过回顾西方哲学史，我们可以发现，“人”，作为和我们自身最切近相关的一个概念，作为一个已经被哲学家研究了几千年的概念，至今仍是如此不清晰、不自明。每个哲学家在建构自己哲学体系或是提供哲学理论的时候，都曾对

[1]　张一兵、蒙木桂：《神会马克思：马克思哲学原生态的当代阐释》，中国人民大学出版社 2004 年版，第 51 页。

“人”有过一个基于自身理论需求的定义和把握，哲学史上对于“人”的理解始终没有一个统一的答案。

通过对以往哲学家的理论分析，不难发现，传统哲学在对“人”的理解上所存在的一些普遍共性——将人把握为某种抽象的存在。正是在这些对人的抽象共性的诱导下，人才失落了自身，从而导致西方哲学家一直无法真正地建立和实现人的价值。现当代的很多哲学家都没有解决现代社会的价值虚无主义问题，很大程度上也是根源于这种对“人”的错误的解读——对形而上学的误读。受知性思维方式的影响，传统形而上学在理解人的时候，往往采用的是一种对待物的思维方式，将人看成和物一样的现成的存在者，将对人的认识和理解等同于对物的认识和把握。因而，传统形而上学在理解人的时候，像对待物一样，总是试图去寻找隐藏在人背后的某种本质性的规定或力量。因而，他们获得的往往是关于人的一些抽象的知性知识，而无法实现对人的真正把握。近代哲学以前把某种超感性的实体或存在当作人的本质性规定，随着认识论的转向，近代哲学转变了对人的认知，将人从某种超感性的抽象统治中解放出来，把人的理性当作自身的规定性。

不同于传统形而上学遗忘人与遮蔽人，黑格尔哲学的进步性在于，认识到了人的主体性与独立性。黑格尔强调个人的主体性，“现代世界是以主观性的自由为其原则的”[1]，这是黑格尔哲学的重大革命，其恢复了长期被遗忘的人的主体地位，试图从人而不是物的尺度去理解世界及人与世界的关系。但是黑格尔同时又承认，这种“个人主体性”，更多集中于市民社会。“在市民社会中，每个人都以自身为目的，其他一切在他看来都是虚无”[2]，而一旦进入国家领域，个人主体性则必须服从于国家的规定与管理，黑格尔将国家称为“地上的精神”，认为作为伦理整体的国家，就是自由与价值的现实化。国家价值作为整体价

[1] 哈贝马斯：《现代性的哲学话语》，曹东卫等译，译林出版社 2005 年版，第 51 页。

[2] 黑格尔：《法哲学原理》，范扬等译，商务印书馆 1961 年版，第 197 页。

值，就是个人价值的体现与彰显。“现代国家的原则具有这样一种惊人的力量和深度，即它使主观性的原则完美起来，成为独立的个人特殊性的极端，而同时又使它回复到实体性的统一”[1]。在这里，个体价值与普遍价值，完成了黑格尔意义上的和解，这是哲学史上的一次重大突破。

但是马克思认为，黑格尔所提到的价值观，仍然是一种形而上学意义上的价值观。“是以‘最抽象的形式’表达了‘最现实的人类状况’，即‘个人现在受抽象统治’的‘人类状况’”[2]。“黑格尔的主体性原则,不仅要求以人的内在尺度去把握物的外在尺度，而且要求以人的世界去代替物的世界；不仅要求思维反思自己，而且要求这种反思展示世界对人类思维的生成。这标志着哲学对象的重大转换。作为思维对象的思维，既不是自在的外部世界，也不是抽象的精神世界，而是人类按照自己的思维本性去把握全部的精神活动及其对象所生成的人的特有世界——概念世界。这样，黑格尔就把传统哲学对外部世界的同一性或精神世界的同一性的寻求，转换成对外部世界与精神世界的统一,即概念世界的研究”[3]。黑格尔认为国家是最高的伦理实体，通过国家，可以实现个人价值与普遍价值的辩证统一，国家体现并保护着每一个人的合法权益。对此，马克思予以质疑。马克思曾经提到“林木盗窃事件”，并借此追问：为什么在现实生活中，我们看到的并不如此，国家和法律总是为部分人在服务？究其原因，在黑格尔那里，国家是作为一个“伦理”观念的现实而存在的，而不是作为一个现实的国家而存在的。作为概念的国家，是完满至善的。但是作为现实的国家，才问题重重。因此，黑格尔虽然肯定个人主体性，承认人的价值，但由于其辩证法的唯心性，黑格尔所研究的都是作为概念而存在的个人主体性和人的价值。他是在概念逻辑的基础上，去谈论价值、谈论国家的。

---

[1] 黑格尔：《法哲学原理》，范扬等译，商务印书馆 1961 年版，第 258 页。
[2] 孙正聿：《马克思主义辩证法研究》，北京师范大学出版社 2012 年版，第 44 页。
[3] 孙正聿：《马克思主义辩证法研究》，北京师范大学出版社 2012 年版，第 55 页。

“在黑格尔看来，决不是一切现存的都无条件地也是现实的。在他看来，现实性这种属性仅仅属于那同时是必然的东西”[1]。黑格尔把伦理的国家视作现实的国家，又进一步试图将特殊的利益解释为普遍的利益，将国家价值等同于个人价值，从而造成了价值的虚化、美化和合法化。黑格尔认为“凡是合乎理性的东西都是现实的；凡是现实的东西都是合乎理性的”。价值的生成性运动，在黑格尔这里就成了概念的逻辑运动，并通过绝对精神的自我运动，实现了个人价值与普遍价值的永恒的辩证统一。可见，价值的主体性、现实性与历史性再次被人为掩盖，求而不得。

无论是以前的形而上学，还是近代以来的理性形而上学，其共同本质都是在忽视人的现实性的基础上，在否定人的现实价值和意义上，寻求关于人的某种抽象的规定性和价值实体。因而，当他们谈论人的时候，不是在言说一些关于人的朴素类的知识，就是在谈论那个实则与人无关的抽象的存在。在形而上学知性思维方式的作用下，价值的主体彻底走向了无根和虚无。“价值主体的被虚无化，使得一切价值诉求以及‘价值重建’的努力最终必然是无根的，价值的‘被虚无化’，‘也就成为不可避免的结局’”[2]。传统形而上学中，受抽象观念的支配，价值主体长久地处于一种无根性的状态，因而人类也长久地居于价值虚无主义的困境中。对此，很多哲学家都曾提出质疑，并尝试重新对人做出解读，但是由于他们没有找到形而上学对人误读的现实根基，尽管他们试图积极努力地重新对人做出规定，恢复人的现实价值，但是最终结果却不甚理想，比如尼采曾经要求用来自人自身的权力意志取代柏拉图主义的超感性世界；费尔巴哈试图将人理解为一种肉身存在的感性存在者或自然人；施蒂纳通过“唯一者”肯定了个体性的原则，将以个体形式存在的“我”作为唯一真实的存在，可以看到他们都没有真正地把握“人”。哲学的进程就表现为一个不断发现“人”的过程，但是他们都带有明显的形而上学特性，因而对人的理解，

---

[1] 《马克思恩格斯文集（第 4 卷）》，人民出版社 2009 年版，第 268 页。

[2] 贺来：《有尊严的幸福生活何以可能》，中国社会科学出版社 2013 年版，第 330 页。

对价值主体的把握，都是一种形而上学式的抽象理解与把握。

在马克思的观点看来，受以上形而上学思维方式的影响，在现实生活中，资本取代并遮蔽了人作为价值的主体性地位，将自身树立为价值的承载者和决定者，从而导致了现代社会价值的物化和人的被遮蔽。现代社会资本复制了形而上学的同一性原则，并通过形而上学的现实运作——资本逻辑实现了对现代社会人的压制与束缚，从而导致人的丰富性和创造性完全被掩盖，沦为资本自我增值和扩张的工具。在现代社会，资本“如同‘普照的光’，把资产阶级社会生活的一切方面都隐没其中，它主导着人与世界、人与他人以及人与自身的关系，构成了全部社会生活的轴心原则。它‘至大无外’——没有什么还能逃避于资本力量的掌握而自存；它‘至小无内’——没有什么能幸免于资本力量的侵蚀而表现为自为的合理的东西”[1]。因而，现代社会价值的主体，仍然不是现实的人，而是抽象的资本。资本成为一种抽象的社会统治力量，牢牢控制着全部的社会关系，将一切的价值和意义都转换为资本的价值和意义。现代社会，人们对价值的追求就表现为对资本的追求，人和人的社会关系就表现为物与物的关系。在资产阶级社会，作为抽象统治力量的资本具有价值，而人没有价值，这是对价值主体的任性颠倒。马克思对资本凌驾于人之上成为价值主体这一异化的社会现象进行了深刻的批判与揭露。在他看来，价值只能是人的价值，只有人存在价值信念问题。脱离了人的物（既包括动物，又包括货币等静态的物），都谈不上什么价值。在物的世界里，遵循的是自然界的客观规律，不需要做出价值选择，也没有任何的价值目的和价值追求。“动物只生产自身，而人再生产整个自然界；动物的产品直接属于它的肉体，而人则自由地面对自己的产品。动物只是按照它所属的那个种的尺度和需要来构造，而人却懂得按照任何一个种的尺度来进行生产，并且懂得处处都把

---

[1]　白刚：《瓦解资本的逻辑：马克思辩证法的批判本质》，中国社会科学出版社 2009 年版，第 109 页。

固有的尺度运用于对象;因此，人也按照美的规律来构造”[1]。动物的世界里并不存在有目的性地超越现状的诉求，因而价值的主体只能是人，只有人才需要做出价值选择，要求实现自我生命价值。价值只能是和人有关的价值，价值的主体只能是人，以往那种将价值的承担者塑造为某种超感性的存在或资本存在都是一种有关价值的异化理论。

### （二）“现实的人”：价值的真实主体

“人”，是马克思一生关注的重点，体现着马克思哲学的核心，也彰显了马克思哲学的使命——追寻人的自由与解放。对人的研究与关注，贯穿于马克思哲学始终。早在中学期间，马克思就曾立志从事“最能为人类福利而劳动的职业”[2]，并始终践行着这一伟大使命，将实现人的自由而全面的发展作为终生的奋斗目标。到写作《资本论》时，表面看起来是马克思对资产阶级社会政治经济学的批判，但其实质是“用资产阶级社会的经济范畴来对资产阶级社会的人进行批判”[3]。关于“人”的理解，构成了马克思哲学中的一个基本而重大的问题；而如何理解人，又是价值哲学之中的一个最为基础与核心的问题。

理解人、解释人、服务人，一直都是哲学的应有之义。但是在人类思想发展史上，不同的社会阶段，由于社会条件的差异和人的思维方式的作用，导致哲学对人的理解、哲学与人的关系，有着本质的区别与不同的发展。“在各种不同哲学流派之间的一切争论中，这个目标始终未被改变和动摇过：它已被证明是阿基米德点，是一切思潮的牢固而不可动摇的中

[1] 马克思:《1844 年经济学哲学手稿》，商务印书馆 2000 年版，第 58 页。

[2] 《马克思恩格斯文集（第 1 卷）》，人民出版社 2009 年版，第 162—163 页。

[3] 洛维特:《马克思基于人的“自我异化”对资产阶级：资本主义世界的解释》，蔡剑锋译，《世界哲学》2005 年第 6 期。

心”[1]。西方哲学家关于人的理解大致历经了三个阶段:传统西方“本体论”哲学阶段、近代西方“主体性”哲学阶段与马克思“实践论”哲学阶段。前两个阶段的共同的特点是用抽象的方式去理解人，从而只能找到抽象的人或者人的抽象形象。要么找到的是被神化的人，要么找到的是被物化的人，是具有某种依赖性，因而是非独立个性的、真正意义上的人。马克思是哲学史上第一位真正理解“人”及其本质的哲学家。

近代以前，在西方哲学史上，“人”长期处于被遮蔽与被遗忘的历史状态。为什么原本应该为人服务的哲学，却变成了解构人的刽子手？这根源于当时“人的现实力量”的有限性。在感性领域，即现存世界中，人类面对大自然是如此的脆弱、渺小，以至于在面对外界考验的时候，只能选择被动接受或者逃避，人不断地被忽视与否定，相反人类更加相信在“我”之外的其他存在与力量。中世纪的基督教，就是这一思想的集中体现，并自此拉开了“只见上帝不见人”、人性长久被神性压抑与践踏的局面。人之为人的所有规定性和确定性，全部来自神秘力量的天赋。人生的展开与落幕，皆被视作命运的安排与指引。因而比起现实的人生境遇，人们更加关心关注创造这一切、决定那一切的万物“根本”。这体现了现实与理想之间的二元对立，并最终导致了形而上学的思维方式的确立及其长期霸主地位。这也就是“本体论”的思维方式，其造成了理性与神性的纠葛。这种思维方式最大的特点是致力于用超验世界解释现实世界，用抽象力量统治现实的人。

到了近代，在文艺复兴与启蒙运动的解放之下，理性主义崛起。人类试图超越现实的局限性，关于自身、关于人与世界的关系有着更加美好、合乎“理性”的向往与建构，“人”以一种近乎“神性”的方式又重新挺立。到了近代，随着科学的发展、经济的繁荣、新的文明的兴起与壮大，“人们再也难以容忍宗教对人性的压抑，强烈要求解放人性，解放个性，

[1]　卡西尔:《人论》，甘阳译，上海译文出版社 1985 年版，第 3 页。

提高人的地位，恢复人的尊严，树立人的权威”[1]。哲学家开始意识到“人之为人的那个本性并不是‘被给予’的……人的本性是‘自为’的”。高清海先生将这一“认识转向”,称为“人的重新发现”[2]。此时,人既意识到自己才是真正的主体，而非什么上帝，也对“人之为人”的本性产生了好奇与求索。近代哲学关于“人”的发现与重塑，建立在对基督教为代表的传统本体论思维方式的批判上，其过程曲折、复杂。“我们踏进了一种独立的哲学。这种哲学明白：它自己是独立地从理性而来的，自我意识是真理的主要环节。哲学在它自己的土地上与哲理神学分了家，按照他自己的原则,把神学撇到完全另外的一边”[3]。近代哲学重新确立了人在世界中的“核心”位置。事物的存在及其价值要被认知，都必须以“我的意识”作为逻辑起点。“‘我’成了别具一格的主体，其他的物都根据‘我’这个主体才作为其本身而得到规定”[4]。此时作为主体的“我”,取代了中世纪上帝的位置，为世间立法，成为一切存在及其意义和价值的源泉，为宗教改革与革命奠定了重要的基础。

在关于“人”的理解上，近代形而上学取得了较大的进步。虽然哲学家依然无法解释人之为人的本性，但是却确立了人在历史发展之中主体性、自主性与目的性，打破了习惯从“物”的角度理解人、解释人的传统，开始尝试“以人的方式”去理解人，这是人的解放道路上的重要的一大步。但是他们解释人的模式与原则，与以往的哲学并没有本质的区别，仍然是从形而上学的思维方式，从二元对立的关系中去理解人。因而此时的人，总是作为某种事物的附加物或者产物而存在，始终不具有独立性。直到费尔巴哈那里，关于人的理解才取得了进一步的突破。费尔巴哈将人的产生视作自然的产物，视作生命进化的结果。因而在费尔巴哈这里，人

[1] 高清海:《高清海哲学文存・续编(卷三)》，黑龙江教育出版社 2004 年版，第 4 页。
[2] 高清海:《高清海哲学文存・续编(卷三)》，黑龙江教育出版社 2004 年版，第 4 页
[3] 黑格尔:《哲学史讲演录(第 4 卷)》，贺麟等译，商务印书馆 1978 年版，第 59 页。
[4] 海德格尔:《海德格尔选集(下卷)》，孙周兴译作，上海三联书店 1996 年版，第 882 页。

就不再是一个抽象的存在，而是一个真实的、有血有肉的感性实体。“但他到此也就止步了。费尔巴哈去掉了人的神性本质，恢复了人的生物本性，他在消解人的神性的同时，也使人失去了创造性的品格。从这一意义说，费尔巴哈只是前进了一小步，然后就转身后退了”[1]。费尔巴哈虽然尝试从唯物主义角度去理解人，但由于其思想的局限性，无法真正地领会人。马克思之前的哲学家，在把握人的时候，或者将人看作自然进化产生的“自然”之物，或者将人视作上帝创世的产出物，或者是将人理解为“理性”塑造的超能物。在这些哲学家看来，无论何种形象，源起于哪里，人都是以一种孤立或者抽象的形象存在的。在他们所描述的人身上，人的实践性、社会性与历史性，生命的丰富性、创造性与复杂性都无从彰显。

马克思要求从现实生活世界、从人们的实践活动中去解释人、理解人。只有那些在世俗世界中，从事着实践活动的现实的人才构成价值的真实主体，也是价值的目的。“每个有理性的东西必须服从这样的规律：不论是谁在任何时候都不应该把自己和他人仅仅当作工具，而应该永远看作自身就是目的”[2]，人作为历史的主体，构成了价值的主体。在马克思看来，历史是追求自己的目的、努力实现自己生命价值的人的历史，历史的发展史就是人的生命价值不断敞开的历史，也是人的生命价值不断丰富的历史，因而价值的唯一真实的主体只能是现实的人。人的生命价值，就是把人当作自己的目的，并通过自己的创造性活动，实现自己的生命价值与意义。

将人作为价值的真实主体，并不是意图将人塑造为和上帝一样，拥有绝对中心地位的霸主，并不是要形成所谓的“人类中心主义”，而只是确保让人免于被抽象统治与压迫的命运，确保个体生命的鲜活性与独立性。马克思要做的就是将价值的主体，从抽象存在或抽象观念转向现实的人。这里就存在一个问题：在马克思这里，究竟何谓“现实的人”？在对价值

---

[1]　高清海：《高清海哲学文存·续编（卷三）》，黑龙江教育出版社 2004 年版，第 26 页。

[2]　康德：《道德形而上学原理》，苗力田译，上海人民出版社 2002 年版，第 53 页。

主体的理解上，马克思又是如何既超越了以往的形而上学，又超越了马克思之外的其他现当代的哲学家的？我们认为马克思对现实的人的理解存在四个维度：

第一个维度，就是人的现实性。所谓人，不是某种抽象或理性的存在，而是一种现实的个体存在。在马克思之前，哲学家总是习惯用形而上学的方式来思考世界，包括人。但是由于思辨本性和二元对立的特征，形而上学始终无法真正地把握和理解人。在形而上学那里，人往往是作为一种抽象的或者理性的存在。诚如费尔巴哈所说："旧哲学的出发点是这样一个命题：'我是一个抽象的本质，一个仅仅思维的本性，肉体不属于我的本性'。"[1] 马克思强调从现实性、从感性角度来理解人，人不再是活在某种抽象规定性背后的虚幻的存在，而是一种现实的、有血有肉的生命个体。从这个意义上说，人是大自然的产物。马克思、恩格斯在《德意志意识形态》中明确指出："我们开始要谈的前提不是任意提出的，不是教条，而是一些只有在臆想中才能撇开的现实前提。这是一些现实的个人，是他们的活动和他们的物质生活条件，包括他们已有的和由他们自己的活动创造出来的物质生活条件"[2]。

第二个维度，就是人的历史性。在马克思看来，人不是某种静止的存在，不是某种现成的存在物，而是一种处于实践活动中的创造性的存在。人的自由自觉的本性，促使人们不断通过实践来丰富生命的内容与样态，不断开创生命的新际遇和新阶段。马克思指出："一切人类存在的第一个前提，也就是一切历史的第一个前提，这个前提是：人们为了能够'创造历史'，必须能够生活。但是为了生活，首先就需要吃喝住穿以及其他东西。因此第一个历史活动就是生产满足这些需要的资料，即生产物质生活本身。"[3] 人类基于满足生存的需要，物质资料的生产就构成了人们的第一

---

[1] 费尔巴哈：《费尔巴哈哲学著作选集（上卷）》，商务印书馆 1984 年版，第 169 页。

[2] 《马克思恩格斯选集（第 1 卷）》，人民出版社 1995 年版，第 66—67 页。

[3] 《马克思恩格斯文集（第 1 卷）》，人民出版社 2009 年版，第 531 页。

个历史活动。这是人和动物相区别的本质特征。正是通过生产与实践，马克思将自己和以往的哲学划清了界限。马克思认为现实的人，一定是从事着物质生产活动的人。由于价值的主体是处于实践的创造性过程之中的，所以价值不可能是一种静态的、永恒的存在，而必须是立足于实践活动的、动态的创造性的历史性的存在。实践才是价值产生与发展的真正源头与动力。因此，对于现实的人而言，并不存在那个一劳永逸的价值王国，等待着人们去发现和服从。人类的价值，应该牢牢掌握在自己手中。马克思用辩证法去进一步研究价值问题，将价值的产生、发展看作一个辩证的运动过程。但是不同于黑格尔抽象的思辨运动，马克思赋予了辩证法现实的逻辑与场域，将其把握为现实的生产和生命活动。正是在实践活动中，人类社会才能不断地发展与超越，人类价值也才能不断地被创造与发展。

第三个维度，就是人的社会性。马克思所讲的人，是处于一定社会关系中的人。马克思指出，实践活动是人的本源性的生存活动。人们在从事这种物质资料的生产活动的时候，对人而言就必然会产生两方面的关系：一方面是人与自然的关系，即人将外在的自然转化为属人的自然；另一方面，也就会产生相应的社会关系。“我们越往前追溯历史，个人，从而也是进行生产的个人，就越表现为不独立，从属于一个较大的整体”[1]。马克思认为根本不存在施蒂纳所说的那种孤立的存在着的原子式的个人。在《唯一者及其所有》中，施蒂纳对那种脱离了一切的社会关系的个体予以肯定，认为只有“我”是唯一的，“我”之外的一切都是虚无的，“同神一样，一切其他事物对我皆虚无，我的一切就是我，我就是唯一者……对于我来说，我是高于一切的”[2]。这是一种带有强烈唯我论的哲学立场，在这样一种思想的诱导下，必然会导致个人主义的泛滥和个体之间的厮杀。在马克思这里，价值的承担者，不可能是这种带有强烈唯我论的、原子式的“个体”，否则人类的价值就会走向失序与混乱。马克思是从社会关系、从

[1]　《马克思恩格斯文集（第 8 卷）》，人民出版社 2009 年版，第 6 页。
[2]　施蒂纳：《唯一者及其所有物》，金海民译，商务印书馆 2007 年版，第 5 页。

实践活动去谈论人的，因而在他看来，价值问题虽然是人的问题，不仅体现出个体主义的原则，又不可避免地带有社会性和历史性。“个体是社会存在物。因此，他的生命表现，即使不采取共同的、同他人一起完成的生命表现这种直接形式，也是社会生活的表现和确证”[1]。

第四个维度，就是人的自主性。和以往形而上学将人视为某种存在的附属物不同，现实的人拥有独立性，掌握和创造自己的生命。但人的生命活动又和动物的本能活动有着本质区别。“动物和自己的生命活动是直接同一的。动物不把自己同自己的生命活动区别开来。它就是自己的生命活动。人则使自己的生命活动本身变成自己意志的和自己意识的对象。他具有有意识的生命活动。这不是人与之直接融为一体的那种规定性。有意识的生命活动把人同动物的生命活动直接区别开来”[2]。动物的本能活动是无意识、无目的的，是为了满足生存的需要。但人的生命活动，除了满足生存需要之外，还包含着丰富的内容与多样的形式，是一种在意识主导下的更高级的生命活动。在生存与生活之外，人还积极探索关于价值、真理、美等超越性的问题。由于自主意识下做出的选择不同，人的生命活动也呈现出差异性和多元性。这就是动物的种生命与人的类生命之间的本质区别，动物只具有种生命，人不仅具有种生命，还具有类生命。对于动物来说，生命的降临同时伴随着动物本质规定性的确定，因而动物无须再做什么来证明自己，更谈不上认识自己。但是对于人来说，对生命价值与意义的追问与探求，会一直伴随着生命的历程。认识自我，被视作这个世界上最重要的事情。人们不断地在追问：我是谁，我从哪里来，我将去向何方。人的生命价值与意义，绝非简单地取决于“生而为人”，更要取决于“如何为人”。人在后天的社会历史环境中，通过自己的实践活动，不断地开创出生命的新局面。人的生命活动，呈现这样的发展阶段：生而为人—如何为人—生成为人。其中，“如何为人”是人类充分发挥自己积极性与创造性的重要环

[1] 马克思:《1844年经济学哲学手稿》，人民出版社2000年版，第88页。
[2] 《马克思恩格斯文集（第1卷）》，人民出版社2009年版，第162页。

节，充分体现着人的自主性。“唯有人能够把自己的存在、自己的活动变成自己意识和意识的对象，也唯有人能够摆脱一切听从自然能主宰和安排的动物式命运，可以享受到自己支配在自我的‘自由’生活。自我意识，这既是人作为自我主体的本质规定，也是人作为自由存在者的必备条件”[1]。

现实的人成为价值的主体，一方面意味着，价值不再是某一个“抽象物”的价值，而只能是关于人的价值。物，不具备关于价值的诉求，也无力承担价值的设定。只有人会提出价值问题，关心价值取向，需要价值引领。物，只是按照知性的方式，也就是科学的方式而存在，存在着价值的控场。人不仅需要学习改造世界的知识，也需要明辨是非的价值指导。人的价值需求，体现了人的创造性与超越性。另一方面，马克思谈论现实的人的价值的时候，指的是每一个人的价值。在他看来，任何单个人的价值，都无权凌驾于其他人的价值之上，甚至膨胀为社会整体的价值。不同于黑格尔哲学将国家价值置于个人价值之上，认为国家价值优越和优先于个人价值，马克思认为现实人的价值才具有真实性意义。

## 三、价值追求的变革：从“资本增值”转向“人的自由个性”

把人当作价值的内在目的，而不是当作其他“主体”实现自我价值的工具，这是价值真正实现向人的复归的重要前提和必要条件，也是马克思实现价值“实践论”转向的最终诉求。马克思指出，资产阶级社会将人从传统社会的“人身依附”关系中解放出来，实现了人的政治解放，这是人类社会历史发展的一大步。但资产阶级社会所主张的价值观，就像资本家所许诺的那样，是真正符合人类本性、满足人类需要、追求生命丰富与发

[1]　高清海：《高清海哲学文存·续编（卷三）》，黑龙江教育出版社，第5页。

展的价值观吗？马克思认为，并非如此。借助形而上学思维方式与资本的共谋，资产阶级社会里的人遭受着双重统治，导致现实社会人的异化与价值的错位，从而呈现出这一“颠倒的现实”：资本具有独立性和个性，而人却没有独立性和个性。资本“将全部主要的生命活动统一到一个由‘价值规律’及其所伴随的‘金钱关系’所统治的‘单一的’有机系统中”[1]，并将资本的价值塑造成为最高价值。资本为价值立法，资本掌握着价值评判的唯一标准。在资本面前“一切价值都变形和扭曲了，一切价值都遭到了无情的嘲弄，一切坚固的价值都烟消云散了”[2]。马克思认为，我们要破除资产阶级社会所带来的“价值幻象”，将被颠倒的价值关系重新还给人自身，完成价值从“物”的价值向“人”的价值的转向，将人们从对“资本增值”的追求转向对“人的自由个性”的追求。“代替那存在着阶级和阶级对立的资产阶级旧社会的，将是这样一个联合体，在那里，每个人的自由发展是一切人的自由发展的条件”[3]。

### （一）共产主义：人的真正价值赖以实现的土壤

在马克思看来，要想真正地实现人的现实的价值，只能诉诸消灭了资本主义私有制的共产主义社会。马克思指出，共产主义作为“私有财产即人的自我异化的积极的扬弃，因而是通过人并且为了人而对人的本质的真正占有；因此，它是人向自身、向社会的合乎人性的复归，这种复归是完全的、自觉的和在以往发展的全部财富的范围内生成的。这种共产主义，作为完成了的自然主义＝人道主义，而作为完成了的人道主义＝自然主义，它是人和自然界之间、人和人之间的矛盾的真正解决，是存在和本

[1] 白刚：《瓦解资本的逻辑：马克思辩证法的批判本性》，中国社会科学出版社 2009 年版，第 158 页。
[2] 贺来：《边界意识和人的解放》，上海人民出版社 2007 年版，第 34 页。
[3] 《马克思恩格斯文集（第 2 卷）》，人民出版社 2009 年版，第 53 页。

质、对象化和自我确证、自由和必然、个体和类之间的斗争的真正解决。它是历史之谜的真正解答,而且知道自己就是这种解答”[1]。只有在共产主义社会里，才能真正实现把人的世界、人的关系还给人，重新恢复人的生命价值和意义，将颠倒了的资本的独立性和个性，重新恢复为人的独立性和个性。共产主义社会才是哺育自由、平等、价值等的真正乐园。

关于马克思的共产主义，一些哲学家倾向于将其理解为马克思在消解了资本作为价值主体的“非神圣形象”之后，所又设定的一个新的“最高价值”。比如罗素就曾将马克思的共产主义看作是一种“末世论的信仰”，而卡尔·洛维特曾经批判“《共产党宣言》以科学语言的相反形式坚持着信仰的特征”，它“所描述的全部历史程序，反映了犹太教—基督教解释历史的普遍图示，即历史是朝着一个有意义的终极目标、由天意规定的救赎历史”[2]。海德格尔也在《哲学的终结和思的任务》中这样描述,“形而上学就是柏拉图主义。尼采把他自己的哲学标示为颠倒了的柏拉图主义。随着这一已经由卡尔·马克思完成了的对形而上学的颠倒，哲学达到了最极端的可能性”[3]。将马克思的共产主义看作是“最极端的形而上学”或者是想象中的“信仰”，这是对马克思哲学的误读。马克思坚决反对一切带有普遍性或超验性的价值或真理,“还存在着一切社会状态所共有的永恒真理，如自由、正义等等。但是共产主义要废除永恒真理，它要废除宗教、道德，而不是加以革新，所以共产主义是同至今的全部历史发展相矛盾的”[4]。在反抗永恒的、抽象的真理面前,相比于以往的全部哲学,“共产主义”完成了最彻底的革命，将人的世界还给人，实现了人的解放和人的价值的重建。“共产主义对我们来说不是应当确立的状况，不是现实与之相

[1]　马克思:《1844 年经济学哲学手稿》，人民出版社 2000 年版，第 81 页。

[2]　洛维特:《世界历史与救赎历史》，李秋零等译，生活·读书·新知三联书店 2002 年版，第 52—53 页。

[3]　海德格尔:《海德格尔选集（下卷)》，孙周兴译，上海三联书店 1996 年版，第 1244 页。

[4]　《共产党宣言》，人民出版社 1997 年版，第 48 页。

适应的理想。我们所称为共产主义的是那种消灭现存状况的现实运动”[1]。马克思批判“青年黑格尔派的意识形态家们尽管满口讲的都是所谓‘震撼世界’的词句，却是最大的保守派”[2]，“如果他们把哲学、神学、实体和一切废物消融在‘自我意识’中，如果他们把‘人’从这些词句的统治下——而人从来没有受过这些词句的奴役——解放出来，那么，‘人’的‘解放’也并没有前进一步；只有在现实的世界中并使用现实的手段才能实现真正的解放。……‘解放’是一种历史活动，不是思想活动，‘解放’是由历史的关系，是由工业状况、商业状况、农业状况、交往状况促成的”[3]。因此，马克思的共产主义，绝非是某种确定的社会历史形态，更不是关于人的解放的“神话”，而是奠基于现实的、具体的历史的运动。前面已经提到，完成了形而上学的社会历史批判的马克思哲学，实现了价值的哲学转向，“价值”的存在、价值的主体以及价值的本质都已经发生了很大的变化。马克思反对以往的任何关于价值的抽象理论，拒斥永恒的价值实体，而是要求将人的现实价值奠基在人的本源性的生命活动——实践的基础之上。在马克思那里，现代价值就具有了生成性和历史性，因而那种将马克思的共产主义直接解读为马克思的抽象的价值实体和永恒性的价值信仰的做法是错误的。在马克思看来，要想真正实现这种奠基于人的本源性实践活动基础上的现实的价值，只能诉诸消灭了私有财产的共产主义社会。

对现存的一切进行无情的批判，是马克思对资产阶级社会所持有的一种彻底的批判的态度。但是马克思并不仅仅停留在这种精神领域的批判上，而是要求真实地改变现实世界，即消灭作为资本赖以存在基础的私有财产。马克思认为，要想真正实现“向人的价值的复归”，完成价值重建，就必须将人从“资本逻辑的抽象统治”这一异化现实中解放出，就必须彻

[1] 《马克思恩格斯全集（第 42 卷）》，人民出版社 1979 年版，第 368 页。

[2] 《马克思恩格斯文集（第 1 卷）》，人民出版社 2009 年版，第 516 页。

[3] 《马克思恩格斯文集（第 1 卷）》，人民出版社 2009 年版，第 526—527 页。

底消灭一切抽象得以存在的“现实根据”，即消灭私有财产。“旧唯物主义的立脚点是市民社会；新唯物主义的立脚点则是人类社会或社会化的人类”[1]。私有财产意味着人们可以任意地使用和处理自己的财产，它代表了自由，也带来了自私自利。私有财产是市民社会的基础，导致了人与人之间的冲突关系。马克思认为，只有彻底消灭私有财产，才能打碎资产阶级社会以资本为媒介所形成的赤裸裸的剥削关系，将人从资本逻辑的统治与压迫中解放出来，从而消解掉现代社会个人受抽象统治的命运，重新给予人的生命以价值和意义。

在马克思看来，要想彻底消灭抽象力量对人的统治，实现人的解放与价值的重建，就必须消灭抽象力量存在的现实基础——资本，才能彻底终结“受抽象统治”的命运。在那里，作为抽象统治力量的资本已经不复存在，因而将资本逻辑看作其现实运作的形而上学，也就彻底丧失了现实根基。只有在共产主义社会里，人才真正从作为抽象存在的资本和作为抽象观念的形而上学的统治中解放出来，实现向自身的复归，亦即人的价值向自身的复归。而要想消灭资本，就必须在“政治解放”完成之后，继续推进“人的解放”。在马克思看来，以往的哲学家始终无法实现人的解放，解决人类历史上价值虚无主义的问题，就在于他们只是用不同的方式解释世界，而问题在于改变世界。马克思所追求的改变世界，并不是单纯地改变现代社会价值的抽象本体，用一种形而上学的价值规范取代另一种形而上学的价值规范，而是要彻底瓦解现代社会虚无主义的现实之根——资本，从根本上变革价值的固有范式和存在土壤，将被颠倒或虚化的人的生命价值，重新拉回到人的现实生活之中来。马克思认为，只有消灭资本赖以生存的基础——私有财产，才能打破现代性所造成的价值虚无主义的困境，恢复长久以来被压抑的人的自由个性，恢复生命本来的丰富性与多样性，重新给人的生命以价值与意义。

---

[1] 《马克思恩格斯文集（第 1 卷）》，人民出版社 2009 年版，第 502 页。

共产主义社会是如何消灭资本与私有财产的？马克思指出“对实践的唯物主义者即共产主义者来说，全部问题都在于使现存世界革命化，实际地反对并改变现存的事物”[1]。马克思认为，消灭资本主义私有制，不仅仅是一种理论诉求，而是有着现实性与力量性。这是因为资本本身带有“自反性”：一方面它要求不断地增值和扩大自己，充实自己的力量；另一方面它也为埋葬自身，提供了现实的物质基础，并且以无力抗拒的方式在不断地提供这种物质基础。“这一切的发展都是对立地进行的，生产力，一般财富等等，知识等等的创造，表现为从事劳动的个人本身的外化；他不是把他自己创造出来的东西当作他自己的财富的条件，而是当作他人财富和自己贫困的条件。但是这种对立形式本身是暂时的，它产生出消灭它自身的现实条件”[2]。“资产阶级的生产关系是社会生产过程的最后一个对抗形式，这里所说的对抗，不是指个人的对抗，而是指从个人的社会生活条件中生长出来的对抗；但是，在资产阶级社会的胎胞里发展的生产力，同时又创造着解决这种对抗的物质条件。因此，人类社会的史前时期就以这种形态而告终”[3]。

马克思指出，“社会从私有财产等等解放出来，从奴役制解放出来，是通过工人解放这种政治形式来表现的，这并不是因为这里涉及的仅仅是工人的解放，而是因为工人的解放还包含着普遍的人的解放”[4]。马克思指出理性所曾经承诺的资本主义的解放，其实质是一场资产阶级的政治解放，是一定的阶级——资本家——的解放，因而并不是人的真正的解放。在这个意义上，资产阶级社会的政治解放，并不等同于人的真正解放。因而在马克思看来，在完成了人的政治解放后，还需要进一步去实现人的真正解放。就其实质内容和社会功能而言，马克思的学说就是关于人类解放

[1] 《马克思恩格斯文集（第 1 卷）》，人民出版社 2009 年版，第 527 页。
[2] 《马克思恩格斯全集（第 46 卷下）》，人民出版社 1985 年版，第 36 页。
[3] 《马克思恩格斯选集（第 2 卷）》，人民出版社 1995 年版，第 83 页。
[4] 马克思：《1844 年经济学哲学手稿》，人民出版社 2000 年版，第 62 页。

的学说，也就是关于现实人的全面发展的学说。这个学说既表达了人类解放的旨趣，即对人的全面发展的价值理想的承诺；又表述了人类解放的历程，即对人的全面发展的实现过程的揭示；也表示了人类解放的尺度，即以人的全面发展的价值标准关照人类全部的历史活动和整个的历史进程[1]。“人的解放何以可能”成为马克思一生孜孜以求的目标，也被马克思视作“人的价值何以可能”的重大的历史前提。马克思将“人的解放何以可能”确定为自己哲学的主旨与核心，他正是在对这一问题的探索中，完成了哲学史上彻底的革命。“一是把本体论对‘何以可能’的追问定位为对‘人的解放何以可能’的寻求，从而变革了传统本体论对人的存在何以可能的抽象思辨，实现了本体论的理论内容的变革；二是把对‘人的解放何以可能’的寻求诉诸对人的历史活动的理解，从而变革了传统本体论以唯心史观为依托所进行的对人的意识活动的追问，实现了以唯物史观为依托的理论基础的变革；三是把对‘人的解放何以可能’的寻求诉诸人对自己既定状态的扬弃，从而变革了传统本体论对‘何以可能’的追问定位为某种‘永恒在场’的研究方法，实现了本体论与‘革命的、批判的’辩证法的统一”[2]。“马克思决不是狂信之徒或机会主义者,他象征着西方人性的精华，他是一个不屈不挠地追求真理的人，他深入到现实的本质而从不满足于虚假的表面现象；他是大无畏的、刚正不阿的；他深切地关怀着人和人的命运；他毫无自私之心，无虚荣感或权力欲；他始终是生气勃勃奋发向上的，并且把生命的活动带进每一个他所涉猎的领域。他代表了西方传统的精华；他坚信理性和人的进步。实际上他正体现了作为他的思想核心的人的概念。他虚怀若谷，所以他丰满如海；他需要他的同伴，所以他是富有的”[3]。在完成政治解放之后,资产阶级社会就表现为国家和市民社会的

[1] 孙正聿:《人的全面发展与当代中国人的解放的旨趣、历程和尺度——关于马克思人的全面发展学说的思想》,《学术月刊》2002 年第 1 期。

[2] 孙正聿:《马克思主义辩证法理论的当代反思》，人民出版社 2002 年版，第 163 页。

[3] 复旦大学哲学系现代西方哲学研究室编译:《西方学者论〈一八四四年经济学—哲学手稿〉》，复旦大学出版社 1983 年版，第 88 页。

分割与对立。现代社会，国家作为公共领域而存在，属于意识形态领域；而市民社会就是私人的经济领域，也就是资本逻辑傲然挺立的领域。在那里资本以上帝自居，牢牢控制和束缚着现实的人，将市民社会里所有的人都贬斥为自己的臣民。因而我们必须破除政治解放所承诺的迷信，进一步去打破政治解放的成果，消灭资本主义制度。马克思认为，只有真正消灭私有财产、消灭私有制和资本主义的生产关系，才能真正克服现代社会抽象力量（从理论到现实）对人的现实生命的压迫。“消费资料的任何一种分配，都不过是生产条件本身分配的结果。而生产条件的分配，则表现生产方式本身的性质。例如，资本主义生产方式的基础就在于：物质的生产条件以资本和地产的形式掌握在非劳动者的手中，而人民大众则只有人身的生产条件，即劳动力。既然生产的要素是这样分配的，那么自然而然地就要产生消费资料的现在这样的分配。如果物质的生产条件是劳动者自己的集体财产,那么同样要产生一种和现在不同的消费资料的分配”[1]。资本主义的私有制关系乃是异化得以生存的必不可少的土壤和条件。这种私有制导致生活资料占有的不平等，导致工人缺乏必要的生活资料，工人才不得不把自己的劳动力出卖给资本家，换取必要的生存资料。因而马克思把私有财产理解为个人受抽象统治的现实根基。在资本主义私有制的背景之下，任何有关人的真实价值的诉求，最终都不过是一场关于价值的“现代神话”，所实现的价值不过是形式的、抽象的资本价值。因为这种抽象的资本价值，其实质乃是为资本家谋取私利，因而带有明显的资产阶级的意识形态的性质。马克思认为要想实现人的真正的、现实的生命价值，其必备前提就是资本主义私有制的终结，要求对资产阶级社会进行现实革命，即消灭资本主义私有制度。

“社会从私有财产等等解放出来，从奴役制解放出来，是通过工人解放这种政治形式来表现的，这并不是因为这里涉及的仅仅是工人的解放，

[1] 《马克思恩格斯选集（第 3 卷）》，人民出版社 1995 年版，第 306 页。

而是因为工人的解放还包含普遍的人的解放”[1]。在马克思看来，“在当前同资产阶级对立的一切阶级中，只有无产阶级是真正革命的阶级。其余的阶级都随着大工业的发展而日趋没落和灭亡，无产阶级却是大工业本身的产物”[2]。所以马克思将改变世界的命运,寄托在了无产阶级的身上。马克思将无产阶级视作资本主义的掘墓人，就在于无产阶级是资本主义生产力的产物。但是在资本主义的生产力水平下，无产阶级面临着连生存都难以维持的悲惨命运，无产阶级是最受压迫也是人数最多的阶级，因而也是革命性力量最强的阶级，最迫切要求改变现状的阶级。无产阶级对现实的革命，就表现在通过暴力革命，彻底推翻资产阶级所建立的带有阶级局限性的资产阶级社会，彻底消灭资本主义制度。在马克思看来，通过工人阶级的政治革命之后，私有财产以及建立在私有财产基础之上的奴役制度也就被彻底消解。在共产主义社会，资本或者说物质财富彻底丧失了那种私有或阶级性质，而变成一种集体的产物，成为属于社会全体成员公共的财产。无产阶级的政治革命，就完成了对资产阶级社会中资本的那种个性与独立性的瓦解，从而为实现人的独立性和个性，提供了根除一切抽象力量或抽象存在的真实土壤——共产主义社会。

只有消灭资本主义私有制，才能超越现代性，打破现代性所造成的价值虚无主义的困境，恢复长久以来被压抑的人的自由和个性、恢复生命本来的丰富性与多样性，重新给人的生命与生活以价值和意义。前面已述，资本作为资产阶级社会的生产关系，它的存在是一种历史性而非永恒性的存在。它诞生于一定的物质生产水平之中，伴随着生产力发展到一定高度又会走向灭亡。所以马克思认为，消灭私有财产，不仅仅是一种理论诉求，而是充满着现实性。这是因为资本本身所带有的自反性和资本所创造出的前所未有的物质财富，都为最终埋葬资本提供了可能性和现实的力量。资本主义生产力的发展，导致了私有制的产生，但是同时又为扬弃私

[1]　马克思:《1844 年经济学哲学手稿》，人民出版社 2000 年版，第 62 页。

[2]　《共产党宣言》，人民出版社 1997 年版，第 38 页。

有制奠定了基础，为实现共产主义、实现生产正义提供了现实的力量，即消灭资本主义私有制度的力量已经诞生于资产阶级社会之中。

消灭了资本主义的共产主义，就是马克思所描述的人类社会历史发展的第三个阶段："建立在个人全面发展和他们共同的、社会的生产能力成为从属于他们的社会财富这一基础上的自由个性"[1]。那时,人将摆脱一切外在的抽象统治，而全面占有自己的本质，恢复长期以来被抽象力量所掩盖的人之为人的丰富性、具体性和创造性。共产主义通过扬弃私有财产，从而彻底瓦解了一切抽象存在的物对人的遮蔽与统治一切的现实可能性，将人从资本、从一切抽象存在或抽象理念中解放出来。共产主义社会的人，就成为一种摆脱了任何抽象统治的人，一种独立的人，一种拥有独立个性的人，因而也就是真正全面占有自己本质的人。彼时，人的劳动不再是一种被迫的谋生活动，而是人的创造性能力的发挥。人们可以根据自己的兴趣自由地选择劳动领域和劳动对象。明天完全可以和今天从事不同的劳动，甚至在同一天也可以根据兴趣去做不同的事情，比如：上午去打猎，下午去钓鱼，傍晚从事畜牧，晚饭后从事批判评论。劳动从被迫的强制性活动变成基于兴趣与自由的创造性活动。在消灭了资本的共产主义社会，人和人之间的关系也将发生根本改变，既不是主仆关系，也不是金钱关系，而是一种建立在平等与独立基础之上的全面丰富的社会关系。在马克思看来，只有这种具有独立性和个性的人，才能真正实现自己的真实价值。

### （二）价值的真实内涵：人的自由个性的发展

《1857—1858 年经济学手稿》中，马克思将人类社会历史划分为三个

[1] 马克思：《1844 年经济学哲学手稿》，人民出版社 2000 年版，第 56 页。

阶段：人的依赖关系占统治地位的阶段；以物的依赖关系为基础的人的独立性的阶段；人的自由和全面发展的阶段。马克思指出，在人类社会历史发展的第一个阶段，也就是前资产阶级社会，人类呈现出的整体特征是“依赖关系”。在这一时期，人们主要通过地缘、血缘与宗法等建立社会关系与社会模式，个人牢牢依附于整体，作为整体的依附物而存在，因而没有自由与独立性。在此时期，价值表现为整体的价值，也就是统治阶级的价值，个人价值完全取决于统治阶级的价值。随着经济领域的科学技术的发展与工业革命，精神领域的文艺复兴与启蒙运动，资产阶级社会实现了人的解放，将人从传统社会的依赖关系带入资产阶级社会的独立阶段。马克思称之为“资本的伟大的文明作用”[1]，“资产阶级革命撕掉了‘宗教幻想和政治幻想’的面纱，使得赤裸裸的权力和剥削、残酷和苦难像开放的创伤暴露了出来；与此同时，资产阶级革命也揭示并暴露了新的选择和希望”[2]。这是人类解放的一大步，马克思称之为“政治解放”，并称赞这种解放“当然是一大进步，尽管它不是普遍的人的解放的最后形式，但在迄今为止的世界制度范围内，它是人的解放的最后形式”[3]。这得益于资本主义的生产方式与生产成果正是资产阶级社会所创造出来的社会财富，推动着人从“依赖阶段”向“独立阶段”的转变。

但马克思指出，资产阶级社会所完成的政治解放，并不具有彻底性，因而也就无从实现人类的真正解放，更无法重构人类价值。因为，“在资产阶级社会里，资本具有独立性和个性，而活动着的个人却没有独立性和个性”[4]。人从传统社会中的“人身依附”，转向资产阶级社会里“资本依附”。在现代社会，资本与形而上学达共谋，借助共同的“同一性”的抽象力量，造成了现代人“受抽象统治”的普遍命运。资本取代上帝，成为

[1] 《马克思恩格斯文集（第 8 卷）》，人民出版社 2009 年版，第 90 页。
[2] 伯曼：《一切坚固的东西都烟消云散了：现代性体验》，商务印书馆 2003 年版，第 140—141 页。
[3] 《马克思恩格斯文集（第 1 卷）》，人民出版社 2009 年版，第 32 页。
[4] 《共产党宣言》，人民出版社 1997 年版，第 43 页。

人们心中最“崇高”的存在，也是最“高阶”的价值实体。资本强制性地将现实的人及其一切都纳入自己冰冷的、无人身的价值体系之中，将价值粗暴地替换为资本所主宰的交换价值，并将其凌驾于人的生命价值与尊严之上。资本任性地扼杀着人的创造性与独立性，斩杀着生命的丰富性与多样性，以摧枯拉朽之势摧毁了人们的一切价值信念和理想。“资本主义的麻烦在于，它到处摧毁自己创造出来的人的各种可能性。它培育了，其实是强制了，每个人的自我发展；但人们却只能有局限地扭曲地发展自己。那些能够在市场上运用的品格、冲动和才能，（常常是过早地）被匆忙地纳入发展的轨道，并且被疯狂地压榨干净；而我们身上其余的没有市场价值的一切，则受到了无情的压抑，或由于缺乏运用而衰亡，或根本就没有出生的机会”[1]。资产阶级社会不仅无法像当初承诺的那样，破除“崇高”之后，实现人的价值重建。有关于人的价值的诉求，最终不过是一场关于资本价值的“现代神话”，所实现的价值不过是形式的、抽象的资本价值。与传统社会相比，其不过是用一种形而上学的价值规范取代另一种形而上学的价值规范，因而无法触及人的价值的合理内核与真实内容。

马克思认为，人类现实的生命价值的真正实现，只能存在于未来的、消灭了资本和私有财产的共产主义里；而人的真实的价值追求——就是自由人联合体中所实现的人的自由个性。只有在共产主义社会里，才能真正实现把人的世界、人的关系还给人，重新恢复人的生命价值和意义；将颠倒了的资本的独立性和个性，重新恢复为人的独立性与个性。共产主义社会才是哺育自由、平等、价值等的真正乐园。在共产主义社会里，对私有财产的积极的扬弃，也就将劳动从资本的抽象与压抑中解放出来，重新将劳动恢复为一种自由自觉的创造性活动。马克思指出，人区别于动物的本质特征，在于人的生命活动的自由本性。“一个种的整体特性、种的类特性就在于生命活动的性质，而自由的有意识的活动恰恰就是人的类特

---

[1] 伯曼：《一切坚固的东西都烟消云散了：现代性体验》，商务印书馆 2003 年版，第 124 页。

性”[1]。在共产主义社会，劳动的本质、对象、劳动的目的和过程都发生了根本性的变革。首先，劳动对人来说就是一种本质性的活动，人们通过自己的劳动肯定自己，发挥自己的才能，实现自身价值；而非资产阶级社会下的那种“异化劳动”，作为人的对立面而存在，是对人的本质与才能的否定与压抑。其次，劳动不再是一种强制劳动，而是一种自愿选择的劳动。在劳动的过程中，人们感受到的不是压制和痛苦，而是自在和舒畅，人们在劳动过程中，自由地发挥自身的创造性。再次，人们完全可以自由选择劳动和领域，安排劳动的时间和劳动的地点，而无须过多顾虑其他因素。任何人都没有特定的活动范围，每个人都可以在任何部门内发展，我有可能随我自己的心愿今天干这事，明天干那事，上午打猎，下午捕鱼，傍晚从事畜牧，晚饭后从事批判，但并不因此就使我成为一个猎人、渔人、牧人或批判者。彼时人们完全可以不用为生存时时忧心忡忡。最后，劳动不再是一种用来谋生的商品或手段，而成了人的第一需要，劳动过程和劳动产品体现着人类的主观能动的创造性。人自由地从事创造性的活动，正是伴随着人的这种自由自觉的生命活动，人的真实的价值才得以不断地生成与展开。自由自觉的劳动构成了价值的来源和动力，也成了现代价值的存在方式。

马克思认为人的价值的实现，表现为人的自由个性的实现，这体现为生命的丰富性与全面性。在共产主义，“人以一种全面的方式，就是说，作为一个总体的人，占有自己的全面的本质”[2]，这种全面性与丰富性，包括两个方面的内容：在资产阶级社会，个人与自然的内在统一，以及个人与他人和社会的内在统一。关于个人与自然的统一，马克思指出，“社会是人同自然界的完成了的本质的统一，是自然界的真正复活，是人的实现了的自然主义和自然界的实现了的人道主义”[3]。人与动物的最大不同在于，

[1] 《马克思恩格斯全集（第 3 卷）》，人民出版社 2002 年版，第 273 页。
[2] 马克思：《1844 年经济学哲学手稿》，人民出版社 2000 年版，第 85 页。
[3] 《马克思恩格斯全集（第 3 卷）》，人民出版社 2002 年版，第 301 页。

人虽然来自自然，但是人又具有超越自然的欲望与能力。人在实践中，不仅生产着自己，也再生产着整个自然界。关于个人与社会的内在统一，马克思指出，“个人是社会存在物。因此，他的生命表现，即使不采取共同的、同他人一起完成的生命表现这种直接形式，也是社会生活的表现和确证”[1]。在共产主义社会，人的价值的本质就是个体的独立性和自由个性。但是这里的个体，并不是费尔巴哈或施蒂纳所强调的那种割裂的个体，而是一种基于社会关系的本质的个体。对个体独立性和自由个性的强调，并不是对某一个个体独立性和自由个性的强调。在共产主义社会，每一个个体的独立性和自由个性就同时表现为他者的独立性和自由个性，表现为全体的人的个体的独立性和自由个性。两者具有内在的一致性。因为构成自由人联合体这一新的生产关系的基础是基于人的本性的自由自觉的劳动。

马克思反对任何对人的“物化”或“神化”理解。在马克思看来，“神化”人是西方哲学史上最常见的一种把握人的方式，将人视作抽象存在的产物，在打通了生命超验领域的同时，带来的却是抽象存在对人的否定，彼岸世界对现实世界的遮蔽。所以人的生命并没有因为超验领域的存在而变得更加丰富，反而丧失了最后的存在意义与话语权。而“物化”人，作为一种相反的把握人的方式，是在资产阶级社会里产生的。在肯定了人的感性世界的同时，却阉割了人之为人的丰富性与超越性。将人视作纯粹的自然物，无法把握到人与动物的本质区别，“在现代，物的关系对个人的统治、偶然性对个性的压抑，已具有最尖锐最普遍的形式”[2]，在物对人的遮蔽之下，生命的全部内容与意义都丧失。马克思指出，无论是对人的“神化”，还是对人的“物化”，都是对关于人的“异化”理解，都无法理解人的真实含义，更无法实现人类价值。

共产主义社会，人的生命价值表现为：人如何成为真正独立的人，即一种以社会形式存在的独立的人，全面地实现和占有人的本质。既摆脱了

[1] 《马克思恩格斯全集（第3卷）》，人民出版社2002年版，第324页。
[2] 《马克思恩格斯全集（第3卷）》，人民出版社1960年版，第515页。

对人的依赖性，又摆脱了对物的依赖性，实现建立在人的全面发展基础上的自由个性。人的价值的产生与实现的过程，就是人在实践活动基础上，不断展开自身的丰富性与个性的过程。因而，只有在此时，人的价值才能够以一种作为社会关系中的人的价值的面貌呈现出来，因而也才是人的价值的真正实现。现代价值的本质就是奠基于人的自由自觉的劳动基础上的、作为自由人联合体的个体的独立性和自由个性。这就是马克思为我们提供的现代性背景下价值的救赎之路。马克思所强调的自由个性，同现代社会自由主义所强调的个人主义有着本质的区别。马克思所说的自由个性，是一种立足于社会关系基础之上的自由个性。马克思所要实现的人的自由个性，乃是一种建立在人和人的和谐关系上的自由个性，这种自由个性最终目的不是为了侵害别人的利益，而是为了实现彼此共同的、全面的发展。因而这种自由个性，既是“我”的自由个性的实现，也是他人自由个性的展开。此时的自由个性才可以真正地摆脱以前那种对抽象共同体的依赖，而具有一种真正的独立性和现实性。马克思想要帮助人类重建的价值观，所追求的既不是某一个或部分具体人的“个体主义”意义上的价值观，也不是作为普遍意义上的“集体主义”的价值观，每个人的自由个性的发展就是全社会的自由个性的发展，个体价值与社会价值达成辩证统一。

从马克思哲学立场去研究和分析现代社会价值虚无主义问题，可以看到，马克思正是立足于对资产阶级社会历史现实的批判，通过对现代社会人的虚无主义命运的深刻把握与积极扬弃，直接推动和实现了马克思哲学实践的变革。这种变革就在于，它在最深层的基础上颠覆了自柏拉图至黑格尔整个传统哲学宏伟体系，将人们对终极价值的追求，转向对现实的人及其生命价值的关注；将人们对理性的过度吹捧，转向理性与现实的和解，不是在思辨领域，而是植根于人类本源性的存在的实践活动中。这种和解，所追求的不再是有限的生命个体如何实现自身价值向普遍性和同一性的价值的趋近，而是现实的人如何在实践的活动中创造并实现自身的生命价值。马克思哲学的现实基点，就是要实现人的真正的解放。

# 结　语

诞生于19世纪的马克思哲学，今天是否依然重要？答案当然是肯定的。目前国内外学界对马克思哲学的重视，对马克思哲学所保持着那种高涨的学习热情，尝试对马克思哲学的理论内涵和外延所作的多重解读与挖掘，便是最好的证明。马克思哲学对于今天的我们依然具有重大的理论指导和现实意义。

对于马克思哲学，我们要采取一分为二的方式来理性对待：一方面，我们必须承认，马克思哲学是诞生于特定时代背景的产物，而不是一种放之四海皆准的普遍永恒的真理学说，所以我们不能对马克思哲学持简单粗暴的拿来主义的态度；另一方面，也必须认清，尽管马克思和我们今天所处的社会历史条件是有差距的，但是我们都处在一个大共同的时代背景之下——现代性，因而我们和马克思是“同路人”，都是现代性问题的“见证者”与“遭遇者”。马克思对现代性问题的分析与批判，带有超出他所处时代的深刻性和超越性，因而马克思的思想在今天不仅没有过时，反而依然具有重大的理论意义和现实意义。

在现代社会，发掘马克思哲学的现实生命力，不能仅仅单纯通过回归马克思文本来实现，还要不断地寻找马克思哲学的现实生长点，多角度、多视野地挖掘马克思哲学在指导当前社会历史中的价值与意义：一方面可以不断地彰显和丰富马克思哲学的生命力，拓展马克思哲学的研究范围，加强马克思哲学与现当代哲学的对话；另一方面也可以加深我们对当前社会历史问题的理解，马克思哲学为我们解决很多现代性问题提供了一种独特的批判视角和解放路径。

基于以上考虑，本书从现代性造成的价值虚无主义这一时代困境入手，将马克思哲学与现代性最重要的问题——人类价值虚无主义——紧密联系在一起，在对价值虚无主义问题的历史性批判考察中，展开马克思哲学理论与现实，马克思哲学与东西方哲学的对话，彰显马克思哲学的独特性、现实性和革命性，突出马克思哲学的变革以及这种变革对现代哲学和现代社会的重大理论意义和现实意义。如此，我们也才能够理解，萨特是在何种意义上称马克思是“我们这个时代唯一不可超越的哲学家”；而德里达所言：“不能没有马克思，没有马克思，没有对马克思的记忆，没有马克思的遗产，也就没有将来；无论如何得有个马克思，得有他的才华，至少得有他的某种精神”[1]。

[1] 德里达：《马克思的幽灵：债务国家、哀悼活动和新国际》，何一译，中国人民大学出版社 2008 年版，第 15 页。

# 参考文献

## 一、著作

1.《马克思恩格斯文集（第 1—10 卷）》，人民出版社 2009 年版。
2.《马克思恩格斯全集（第 2 卷）》，人民出版社 1957 年版。
3.《马克思恩格斯全集（第 3 卷）》，人民出版社 2002 年版。
4.《马克思恩格斯全集（第 4 卷）》，人民出版社 1958 年版。
5.《马克思恩格斯全集（第 30 卷）》，人民出版社 1995 年版。
6.《马克思恩格斯全集（第 31 卷）》，人民出版社 1998 年版。
7.《马克思恩格斯全集（第 42 卷）》，人民出版社 1979 年版。
8.《马克思恩格斯全集（第 44 卷）》，人民出版社 2001 年版。
9.《马克思恩格斯全集（第 46 卷上）》，人民出版社 1979 年版。
10.《马克思恩格斯全集（第 46 卷下）》，人民出版社 1985 年版。
11.《马克思恩格斯选集（第 1 卷）》，人民出版社 1995、2012 年版。
12.《马克思恩格斯选集（第 2 卷）》，人民出版社 1995、2012 年版。
13.《马克思恩格斯选集（第 3 卷）》，人民出版社 1995 年版
14.《资本论（第 1 卷）》，人民出版社 2004 年版。

15.《资本论（第 3 卷）》，人民出版社 2004 年版。
16.《共产党宣言》，人民出版社 1997 年版。
17. 马克思：《1844 年经济学哲学手稿》，人民出版社 2000 年版。
18. 柏拉图：《理想国》，郭斌和等译，商务印书馆 1986 年版。
19. 柏拉图：《文艺对话集》，朱光潜译，商务印书馆 2013 年版。
20. 柏拉图：《柏拉图全集》，王晓朝译，人民出版社 2002 年版。
21. 亚里士多德：《形而上学》，吴寿彭译，商务印书馆 1991 年版。
22. 奥古斯丁：《忏悔录》，周士良译，商务印书馆 1996 年版。
23. 尼采：《权力意志》，陈筱卿译，中央编译局出版社 2005 年版。
24. 尼采：《偶像的黄昏》，周国平译，光明日报出版社 1996 年版。
25. 尼采：《快乐的科学》，黄明嘉译，漓江出版社 2000 年版。
26. 海德格尔《尼采（下卷）》，孙周兴译，商务印书馆 2010 年版。
27. 海德格尔：《形而上学导论》，熊伟等译，商务印书馆 1996 年版。
28. 海德格尔：《林中路》，孙周兴译，上海译文出版社 1997 年版。
29. 海德格尔：《路标》，孙周兴译，商务印书馆 2000 年版。
30. 海德格尔：《海德格尔选集》，孙周兴译，上海三联书店 1996 年版。
31. 海德格尔：《存在与时间》，陈嘉映译，生活·读书·新知三联书店 2006 年版。
32. 黑格尔：《法哲学原理》，范扬译，商务印书馆 1961 年版。
33. 黑格尔：《小逻辑》，贺麟译，商务印书馆 1980 年版。
34. 黑格尔：《哲学史讲演录（第 4 卷）》，贺麟等译，商务印书馆 1978 年版。
35. 康德：《道德形而上学原理》，苗力田译，上海人民出版社 2002 年版。
36. 康德：《实践理性批判》，韩水法译，商务印书馆 1999 年版。
37. 雅斯贝尔斯：《尼采其人其说》，鲁路译，社会科学文献出版社 2001 年版。
38. 哈贝马斯：《后形而上学思想》，曹卫东等译，译林出版社 2001 年版。
39. 哈贝马斯：《后民族结构》，曹卫东译，人民出版社 2002 年版。
40. 哈贝马斯：《现代性的哲学话语》，曹卫东译，中国社会科学出版社

2005 年版。
41. 伽达默尔:《真理与方法(上)》,洪汉鼎译,上海译文出版社 1992 年版。
42. 舍勒:《爱的秩序》,林克等译,生活·读书·新知三联书店 1995 年版。
43. 卡西尔:《人论》,甘阳译,上海译文出版社 1985 年版。
44. 洛维特:《世界历史与救赎历史》,李秋零等译,商务印书馆 1988 年版。
45. 洛维特:《从黑格尔到尼采》,李秋零译,生活·读书·新知三联书店 2006 年版。
46. 施特劳斯:《自然权利与历史》,彭刚译,生活·读书·新知三联书店 2003 年版。
47. 阿多诺:《否定的辩证法》,张峰译,重庆出版社 1993 年版。
48. 阿多诺:《启蒙辩证法》,洪佩郁译,重庆出版社 1990 年版。
49. 施蒂纳:《唯一者及其所有物》,金海民译,商务印书馆 2007 年版。
50. 伯曼:《一切坚固的东西都烟消云散了:现代性体验》,徐大建等译,商务印书馆 2003 年版。
51. 德里达:《马克思的幽灵:债务国家、哀悼活动和新国际》,何一译,中国人民大学出版社 2008 年版。
52. 马尔库塞:《单向度的人:发达工业社会意识形态研究》,刘继译,上海译文出版社 1989 年版。
53. 马尔库塞:《爱欲与文明》,薛民译,上海译文出版社 2005 年版。
54. 贝尔:《资本主义文化矛盾》,赵一凡等译,生活·读书·新知三联书店 1989 年版。
55. 伯恩斯坦:《超越客观主义与相对主义》,郭小平译,光明日报出版社 1992 年版。
56. 卢卡斯:《个人主义:分析与批判》,朱红文等译,中国广播电视出版社 1993 年版。
57. 卢卡奇:《历史与阶级意识》,杜章智等译,商务印书馆 1992 年版。

58. 德赛：《马克思的复仇：资本主义的复苏和苏联集权社会主义的灭亡》，汪澄清译，中国人民大学出版社 2006 年版。
59. 笛卡尔：《第一哲学沉思集》，庞景仁译，商务印书馆 1986 年版。
60. 阿尔都塞：《哲学与政治》，陈越编，吉林人民出版社 2003 年版。
61. 阿尔都塞：《保卫马克思》，顾良译，商务印书馆 2016 年版。
62. 施兰格：《哲学家和他的假面具》，徐友渔选编，社会科学文献出版社 1999 年版。
63. 戈斯洛夫斯基：《屠格涅夫》，冀刚等译，上海译文出版社 1983 年版。
64. 屠格涅夫：《前夜　父与子》，巴金译，人民文学出版社 1979 年版。
65. 施韦卡特：《超越资本主义》，社会科学文献出版社 2006 年版。
66. 柄谷行人：《马克思，其可能性的中心》，中田友美译，中央编译出版社 2006 年版。
67. 韦尔默：《后形而上学现代性》，应奇译，上海译文出版社 2007 年版。
68. 舍勒：《资本主义的未来》，罗悌伦译，生活・读书・新知三联书店 1997 年版。
69. 哈维：《后现代的状况：对文化变迁之缘起的探究》，阎嘉译，商务印书馆 2003 年版。
70. 库尔珀：《纯粹现代性批判》，臧佩洪译，商务印书馆 2004 年版。
71. 复旦大学哲学系现代西方哲学研究室编译：《西方学者论〈一八四四年经济学—哲学手稿〉》，复旦大学出版社 1983 年版。
72. 高清海：《高清海哲学文存・续编》，黑龙江教育出版社 2004 年版。
73. 孙正聿：《当代中国马克思主义哲学专题研究》，吉林人民出版社 2010 年版。
74. 孙正聿：《马克思主义辩证法研究》，北京师范大学出版社 2012 年版。
75. 孙正聿：《哲学通论》，辽宁人民出版社 1998 年版。
76. 孙正聿：《理论思维的前提批判》，辽宁人民出版社 1992 年版。
77. 俞吾金：《重新理解马克思》，北京师范大学出版社 2005 年版。

78. 贺来：《有尊严的幸福生活何以可能》，中国社会科学出版社 2013 年版。
79. 贺来：《辩证法的生存论基础：马克思辩证法的当代阐释》，中国人民大学出版社 2003 年版。
80. 贺来：《边界意识和人的解放》，上海人民出版社 2007 年版。
81. 张文喜：《颠覆形而上学：马克思与海德格尔之论》，中国社会科学出版社 2004 年版。
82. 周国平：《尼采与形而上学》，译林出版社 2012 年版。
83. 张一兵：《回到马克思》，江苏人民出版社 1999 年版。
84. 张一兵：《马克思历史辩证法的主体向度》，南京大学出版社 2002 年版。
85. 张一兵、蒙桂木：《神会马克思：马克思哲学原生态的当代阐释》，中国人民大学出版社 2004 年版。
86. 吴晓明、王德峰：《马克思的哲学革命及其当代意义》，人民出版社 2005 年版。
87. 仰海峰：《形而上学批判：马克思哲学的理论前提及当代效应》，江苏人民出版社 2006 年版。
88. 白刚：《瓦解资本的逻辑：马克思辩证法的批判本性》，中国社会科学出版社 2009 年版。
89. 刘小枫：《现代性社会理论绪论》，上海三联书店 1998 年版。
90. 刘小枫主编：《斯特劳斯与古典政治哲学》，张新樟等译，上海三联书店 2002 年版。
91. 刘硕良主编：《屠格涅夫全集（第 3 卷）》，河北教育出版社出版 1994 年版。
92. 贺照田主编：《西方现代性的曲折展开》，吉林人民出版社 2002 年版。

## 二、中文论文

1. 洛维特：《马克思基于人的“自我异化”对资产阶级—资本主义世界的

解释》，蔡剑锋译，《世界哲学》2005 年第 6 期。

2. 高清海、孙利天：《马克思的哲学观变革及其当代意义》，《天津社会科学》2003 年第 5 期。
3. 孙正聿：《“现实的历史”：〈资本论〉的存在论》，《中国社会科学》2010 年第 2 期。
4. 孙正聿：《怎样理解马克思的哲学革命》，《吉林大学社会科学学报》2005 年第 3 期。
5. 孙正聿：《人的全面发展与当代中国人的解放的旨趣、历程和尺度——关于马克思人的全面发展学说的思想》，《学术月刊》2002 年第 1 期。
6. 邓晓芒：《欧洲虚无主义及其克服》，《江苏社会科学》2008 年第 2 期。
7. 俞吾金：《资本诠释学——马克思考察、批判现代社会的独特路径》，《哲学研究》2007 年第 1 期。
8. 贺来：《寻求价值信念的真实主体——反思与克服价值虚无主义的基本前提》，《社会科学战线》2012 年第 1 期。
9. 贺来：《辩证法与现代性课题》，《学习与探索》2007 年第 5 期。
10. 贺来：《马克思的哲学变革与价值虚无主义课题》，《复旦大学学报（社会科学版）》2004 年第 6 期。
11. 贺来：《“现代性”的建构——哲学范式转换的基本主体》，《哲学动态》2000 年第 2 期。
12. 贺来：《传统形而上学的价值及其限度——从“生命现象”的视角》，《天津社会科学》2005 年第 2 期。
13. 贺来：《形而上学的社会历史批判》，《马克思主义与现实》2009 年第 3 期。
14. 贺来：《个人责任、社会正义与价值虚无主义的克服》，《哲学动态》2009 年第 7 期。
15. 袁祖社：《“现代性社会”价值本体确立与认同的困惑》，《北京大学学报（哲学社会科学版）》2008 年第 5 期。

16. 吴晓明:《马克思的哲学革命与全部形而上学的终结》,《江苏社会科学》2000 年第 6 期。
17. 吴晓明:《论马克思对现代性的双重批判》,《学术月刊》2006 年第 2 期。
18. 王南湜、谢永康:《形而上学的遗产与实践哲学的发展路向》,《学习与探索》2005 年第 2 期。
19. 王德峰:《论马克思的资本批判的原则高度》,《江苏社会科学》2005 年第 6 期。
20. 谢永康:《形而上学批判的不同路径:论阿多尔诺与海德格尔的根本性分歧》,《哲学研究》2005 年第 11 期。
21. 邹诗鹏:《现代性的物化逻辑与虚无主义课题——马克思学说与西方现当代有关话语的界分》,《天津社会科学》2009 年第 5 期。
22. 王善平:《现代性:资本与理性形而上学的联姻》,《哲学研究》2006 年第 1 期。
23. 吴宁:《现代性和虚无主义》,《现代哲学》2010 年第 5 期。
24. 余虹:《虚无主义——我们的深渊与命运?》,《学术月刊》2006 年第 7 期。
25. 仰海峰:《虚无主义问题:从尼采到鲍德里亚》,《现代哲学》2009 年第 3 期。
26. 王恒:《虚无主义:尼采与海德格尔》,《南京社会科学》2000 年版第 8 期。
27. 刘尚明:《施特劳斯对德国虚无主义的思考》,《广东社会科学》2014 年第 4 期。
28. 王福生:《马克思〈资本论〉中的辩证法》,《社会科学战线》2006 年第 4 期。
29. 王永阳:《尼采哲学中的虚无主义概念》,《贵州社会科学》2005 年第 3 期。
30. 刘贵祥:《尼采与海德格尔对虚无主义理解的差异》,《深圳大学学报

（人文社会科学版）》2012 年第 2 期。
31. 刘贵祥：《历史唯物主义何以超越虚无主义？——从海德格尔对马克思的一个论断谈起》，《南京大学学报（哲学·人文科学·社会科学）》2011 年第 1 期。
32. 吴增定：《尼采与“存在”问题——从海德格尔对尼采哲学的解读谈起》，《云南大学学报（社会科学版）》2010 年第 4 期。
33. 陈嘉明：《现代性的虚无主义——简论尼采的现代性批判》，《南京大学大学（哲学·人文科学·社会科学）》2006 年第 5 期。
34. 邓晓芒：《欧洲虚无主义及其克服》，《江苏社会科学》2008 年第 1 期。
35. 刘森林：《马克思与虚无主义：从马克思对施蒂纳的批判角度看》，《哲学研究》2007 年第 7 期。
36. 王金林：《历史生产与虚无主义的极致——评后期海德格尔论马克思》，《哲学研究》2007 年第 12 期。

## 三、英文论文

1. Arthue, C. J., “From the Critique of Hegel to the Critique of Capital”, in T. Burns and I. Faster (eds)., *The Hegel-Marx Connection*, Basingstoke, UK: Merlin, 1991.
2. Bhaskar R., *Dialectic: The Pulse of Freedom*, London: Verso, 1993.
3. Jameson, F., *Postmodernism, or the Cultural Logic of Late Capitalism*, North Carolina: Duke University Press, 1991.
4. Ress, J., *The Algebra of Revolution: The Dialectic and Classical Marxist Tradition*, London: Routledge, 1998.
5. Smith, T., *The Logic of Marx's Capital: Replies to Hegelian Criticism*, Albany, NY: SUNY Press, 1990.

# 后　记

本书是在我的同名博士论文的基础上修改完成的。

本书研究的主题为：马克思对现代性价值虚无主义的批判与破除。现代性是马克思哲学产生的现实背景，也是马克思本人的现实遭遇，从而构成了马克思哲学应有的理论视域，而价值虚无主义，是现代性人类最为重大的生存危机。因而从马克思哲学视角，对现代性价值虚无主义进行反省与批判，就成为马克思哲学不可推卸的时代任务，构成马克思哲学的重要内容。

我将马克思对价值虚无主义与现代性的反省，作为本书研究马克思哲学的重要课题，具有重要的理论与现实意义：在思想理论方面，以西方现代哲学家对价值虚无主义的自觉与批判为背景，以“形而上学批判”为靶子，深入挖掘马克思的“形而上学的社会历史批判”及具体内容。马克思为人类解决现代性价值虚无主义提供了一种独特的批判视角和解放路径，开辟了人的价值研究的新领域、新内容。在研究方法上，坚持以问题为导向。立足现代性“价值虚无主义”这一重大的社会历史现实，探究马克思“形而上学的社会历史批判”的现实旨趣，加强马克思哲学理论与现实的对话。在研究视域上，将马克思对价值问题的研究同对现代性问题的思考紧密结合到一起。“现代性反省”是马克思哲学的一个重要的现实生长点。立足现代性去研究价值虚无主义，既在一定程度上深化了马克思对价值问题的理解与把握，推动马克思哲学走向纵深发展；又以现代性为媒介，加强了马克思哲学与西方哲学的对话，彰显马克思在西方哲学史上所实现的哲学革命。

在本书出版之际，感谢我的导师贺来教授和师母曾东老师。2010—2015 年期间，我跟随贺来教授先后攻读硕士和博士学位，一直受益于贺来教授的指导与教诲。贺来教授作为国内哲学界知名的学者，其扎实的哲学功底、严谨的治学态度、丰富的理论视野、专注的研究热情与宽容的精神，让我在为人为学方面受益匪浅，是我一生学习的榜样。博士论文的选题、撰写及修改成书出版，都得益于贺来教授的指导与教诲。也感谢读书期间，贺来教授和曾东老师对我的照顾与帮助。

本书能够顺利出版，得益于上海理工大学马克思主义学院的资助。在此，对金瑶梅院长和学院表示诚挚的感谢。同时感谢教研部主任郭明哲教授以及同事们为我提供的帮助。

感谢吉林大学的王成教授、华中农业大学的彭文刚副教授、东北师范的大学的陈士聪副教授，为我的论文提供的思路与意见，使我受益颇多。

感谢我的父亲张红开、我的爱人唐成山和我的女儿唐睿怡。在我修改文章期间，我的父亲承担了照顾孩子与大家庭的责任，我的爱人为我的写作提供了最大的便利与帮助。我的女儿才 2 岁半，却知道了“马克思”，她非常配合妈妈的工作。

张欢欢

2022 年 9 月 19 日